Julian Jacobi
Sprung ins Leben

Julian Jacobi
mit Sylvia Gredig

SPRUNG INS LEBEN

Mein langer Weg nach Shaolin

Lübbe

FSC
www.fsc.org
MIX
Papier aus verantwortungsvollen Quellen
FSC® C014496

Dieser Titel ist auch als E-Book erschienen
Originalausgabe

Umschlaggestaltung: Guter Punkt, München
Umschlagmotiv: © Thomas Rodrigũez, Köln
Satz: Dörlemann Satz, Lemförde
Gesetzt aus der Janson Text
Druck und Einband: GGP Media GmbH, Pößneck

Printed in Germany
ISBN 978-3-7857-6108-3

5 4 3 2 1

Sie finden uns im Internet unter: www.luebbe.de
Bitte beachten Sie auch: www.lesejury.de

Vorwort

Es war einmal ein alter Mönch, der sich vor gut 1500 Jahren von Indien auf den Weg nach China machte, wo er im buddhistischen Kloster der Shaolin im Songshan-Gebirge in der Provinz Henan eine neue Heimat finden sollte. Gleich nach seiner Ankunft dort zog es den alten Mann jedoch hinauf auf einen nahegelegenen Berg, wo er vom fallenden Monsunregen durchnässt in einer Höhle Schutz suchte. Müde vom beschwerlichen Aufstieg ließ er sich mit dem Gesicht zur Wand im Inneren der Höhle nieder. Versunken, aber nicht schlafend, saß er im Lotossitz da und stand nur auf, um die schmerzenden Gliedmaßen kunstvoll zu schütteln, bis wieder Leben in sie kam. Dann kehrte er in seine Sitzposition zurück. Auf diese Art und Weise verbrachte der Mönch der Sage nach neun Jahre lang in der Damo-Höhle. Bodhidharma, so der Name des buddhistischen Mönchs, hatte in hohem Alter noch einen erstaunlich weiten Weg zurückgelegt, nicht nur an Kilometern und in damals noch mühsamer Art der Fortbewegung, mit dem Schiff und zu Fuß, sondern auch in seinem Geiste. Denn die Ankunft im Shaolin-Kloster war nur mehr der Ausgangspunkt für seine innere neunjährige Reise – eine wahrlich lange »Meditation«.

Es war einmal ein Teenager, der sich vor wenigen Jahren von Deutschland auf den weiten Weg nach China machte, wo er im Kloster der Shaolin, das für seine Kampfkunst »Kung-Fu« bekannt ist, eine neue Heimat suchte. So könnte auch meine Geschichte beginnen. Doch was ich zu erzählen habe, ist kein modernes Märchen, wenngleich sich mein Alltag in den letzten Jahren enorm verwandelt hat. Dabei hatte ich schon als Fünfjähriger nichts lieber als Kampfsport gemacht, mit acht Jahren wollte ich ein Meister im Kung-Fu werden und mit 17 dann, na klar, Shaolin-Mönch. Meine Suche nach Buddha wurde aber keine Reise der spirituellen Wunder, sondern ein harter und herausfordernder Weg, der mir viel, viel abverlangte.

Okay, ich konnte bequem nach China fliegen und wurde von einem Fahrer abgeholt und nach Dengfeng gefahren. Trotzdem ist die Suche nach Buddha heute nicht weniger mühselig als früher – wenngleich die Übungen zum Beruhigen und Sammeln des Geistes längst erfunden sind und man dafür nicht in eine kalte Höhle ziehen muss und es außerdem unübertreffliche Kung-Fu-Meister gibt, die ihr Wissen und Können an die nächste Generation weiterreichen: Jeder Shaolin-Schüler muss ganz von vorne anfangen – eine sehr gute körperliche Verfassung und ein unerschütterlicher Wille sind dabei Grundvoraussetzungen, um das harte Training durch- und das Ziel im Blick halten zu können.

Damals die begonnene Ausbildung als Graveur abgebrochen, die Freunde und die Familie zurückgelassen, um auf einem anderen Kontinent Shaolin-Mönch zu werden. *Wie krass ist das denn?*, hatten sich die Freunde gefragt. Bekannte meiner Eltern hielten diese für verantwortungslos, weil sie meine »exotischen« Pläne unterstützten. Für lebensfremd und ein bisschen verrückt hielten mich wohl die meisten. Und dann staunten selbst die ewigen Kritiker, als ich der »deutsche Shaolin« genannt wurde. Immer wieder werde ich gefragt, wie es überhaupt dazu kommen konnte, dass ich mit gerade mal 21 Jahren allein nach Asien aufbrach, ohne besondere Kenntnisse der chinesischen Sprache und der chinesischen Kultur – und vor allem ohne Rückflugticket.

Was hat mir die Zeit dort gegeben? Warum hielt ich so lange durch, obwohl mein Körper deutliche Signale gab, dass er bald streiken würde. Und am Ende kam ich nicht mal als Mönch zurück … Warum gab ich meinen Lebenstraum, Shaolin-Mönch zu werden, auf?

»Und was macht der Julian jetzt?«, fragen Bekannte und Freunde der Familie immer noch überrascht.

Na, ich mache immer noch Kung-Fu und suche Erleuchtung, auf ganz eigenen Pfaden, was sonst!

Nicht nur für diejenigen, denen diese Antwort nicht reicht, habe ich dieses Buch geschrieben. Es soll vor allem denen, die einem inneren Herzenswunsch folgen möchten, aber nicht den Mut finden, vielleicht auch ungewöhnliche Wege einzuschlagen, zeigen, dass man seinen Weg *gehen* muss, ungeachtet aller Unkenrufe, trotz aller Zweifel, einfach nur *gehen* – denn jeder Weg beginnt mit dem ersten Schritt.

I. So fand ich zu den Shaolin

Der Junge braucht Bewegung!

»He, du Zwerg, weg da! Das ist unsere Schaukel!«

Aus dem Augenwinkel sah ich drei Jungen, ein bis zwei Köpfe größer, alle kräftiger als ich, alle mit einem Blick, der Angst machte. Der mir, einem Vierjährigen, Angst machte.

»He, runter da. Kapiert?«

Und Boff, landete ich auch schon im Sand.

Schmal, blond und im wahrsten Sinne des Wortes blauäugig wie ich war, wurde ich bald und für lange Zeit bevorzugtes Opfer der »Rustikalen«, wie meine Eltern und ich diese Jungen nannten, eben weil sie immer sehr rustikal auftraten. Schubsen, Hauen, Treten, das war ihr Metier, meins das Einstecken und das Weglaufen. Zum Glück war ich schnell und wendig.

Noch vor Beendigung des dritten Lebensjahres hatten die Eltern bei mir bereits eine große Begeisterung dafür feststellen können, auf den eigenen kurzen Beinen große Strecken zurücklegen zu wollen. Üblicherweise fanden an den Wochenenden deshalb ausgedehnte Spaziergänge statt – und zwar trotz aller Erfahrungen, die Mama und meine zehn Jahre ältere Schwester Nadine in den vorangegangenen Jahren bereits mit Papa und seiner Abenteuerlust gesammelt hatten.

Die ersten Kilometer des Ausflugs wurden meist gemütlich im Auto zurückgelegt, danach folgten zum Warmlaufen bequeme Schritte auf ausgetretenen Spazierwegen. Doch dann, ein Zurück würde keinen Sinn mehr machen, wandelte Papa den sonntäglichen Spaziergang in einen

Querfeldeinlauf um. Hier den Berg rauf, dort einen Berg runter, so ging es über Wiesen, Schlammpfade und alles, was ein wahres Trapperherz glücklich macht. Die Abkürzung, die angeblich noch folgen sollte, die gab es nur, um die langsam ärgerlich werdende Mama wieder ruhigzustellen. Immerhin steuerten wir nach gut vier Stunden »Waldlauf« dann schließlich ein Lokal an, das Wunschziel der beiden nicht so bewegungsfreudigen Familienmitglieder. Aber so einfach ließ sich meine Mutter nicht beschwichtigen. So manches Paar ihrer Schuhe hatte bei diesen Ausflügen deutlich an Wert verloren.

Nadine und mir machten diese Familienausflüge der besonderen Art immer viel Spaß. Gerade auch, weil Papa von Mama ordentlich was zu hören bekam, das fanden wir Kinder lustig. »Der Junge braucht Bewegung, Esther«, versuchte Papa dann weiter zu beschwichtigen. Und tatsächlich, mir war ein großer Bewegungsdrang anscheinend in die Wiege gelegt.

Ich war schon zu beneiden, denn mit Mama, Papa und Nadine verfügte ich über ein hoch motiviertes und gut geschultes Animationsteam, was mir selbstverständlich nicht nur an den Wochenenden zur Verfügung stand. Nach dem Kindergarten ging es gleich weiter, auf den Bolzplatz zum Fußballspielen oder zum Radfahren. Überaus störend wirkte bei der ganzen Angelegenheit nur, dass die hauseigenen Animateure nebenher noch arbeiten mussten bzw. Nadine die Schule besuchte und für den Nachmittag Hausaufgaben aufbekam. In solchen Fällen hieß es für mich raus und mit anderen Kindern spielen. Und das gefiel mir bald sogar besser als die Unternehmungen mit den Großen, denn nur die Gleichaltrigen hatten das Spielen so richtig gut drauf wie ich selbst. Vor allem Tim, der Nachbarsjunge, der mein Freund wurde.

Es kamen aber eben auch bald »die Rustikalen« dazu. Spaß machte mir das Spielen draußen nun nicht mehr. Ich war eben kein Kämpfertyp!

Ich erzählte zu Hause jedes Mal von den Gemeinheiten, die sich diese Jungen wieder hatten einfallen lassen. Meinen Eltern wurde es zu bunt, und sie schlugen vor, dass ich meine Freude an der Bewegung besser in einem Sportverein ausleben könne. Aber in welchem? Spaß hatte ich an allem, was mich ins Schwitzen brachte. Fußball schied aus, weil Mama meinte, so toll wäre das nicht, bei Wind und Wetter auf einem Platz zu stehen, die ständige Fahrerei zu anderen Spielorten und so was.

Das Experiment der Freizeitgestaltung brachte mich kurz vor meinem fünften Geburtstag in eine Tanzschule, wo ein Rock-'n'-Roll-Kursus auf mich wartete. Schlecht war's nicht, schon allein wegen der vielen hübschen Mädchen, die dort rumliefen, aber so richtig wurde es nicht mein Ding. Die Überlegungen gingen erneut hin und her, und dabei stellte sich heraus, dass Papa als Kind in einem Judoverein trainiert hatte, Mama ebenfalls und natürlich auch meine Schwester. Die Tradition meiner Familie fortsetzend wurde ich Mitglied in einem Judoverein.

Das war etwas ganz Neues für mich, und es gefiel mir sofort. In meinem Judoanzug stapfte ich zum Training in die Halle und verbeugte mich als Erstes, so hatten es die anderen vorgemacht. Im Judo ist der respektvolle Umgang miteinander Pflicht. Ich lernte nun das richtige Fallen, das Werfen und, was soll ich sagen, ich lernte sogar das Kämpfen. Zweimal in der Woche gehörte Judo mit Liegestützen als Aufwärmübung zu meinem festen Programm, und gern zeigte ich den Eltern, wenn sie mich vom Training abholten, was ich in der Stunde alles gelernt hatte. Eine rundum gelungene Sache!

»Mit Judo kann man sich gut verteidigen«, sagten meine Eltern beschwörend, wenn wieder einmal ein Treffen mit

Nachbarskindern anstand. Doch sobald die »Rustikalen« auftauchten, war alles dahin.

Ich sah zwar kräftiger aus, aber die »Rustikalen« blieben davon unbeeindruckt, weil ich es einfach nicht schaffte, mich zu wehren. Ich konnte ihnen immer noch nicht Paroli bieten, geschweige denn sie zurücktreten oder ihnen ebenfalls ins Gesicht schlagen. So blieb ich weiterhin ein »Opfer«, wenn auch ein gut trainiertes.

Mit der Einschulung verschlimmerte sich das alles noch, denn die Hoffnung, dort von den »Rustikalen« befreit zu sein, erfüllte sich nicht. Ganz im Gegenteil, auch an der Schule traf ich auf diese Spezies. Also gingen die Gemeinheiten weiter, und schon der Weg zur Schule oder von dort nach Hause war oftmals der reinste Horror. Unglaublich, wie die »Rustikalen« ein Näschen dafür hatten, mögliche Opfer aus der Vielzahl der Kinder herauszufinden. Und Papas weiser Ratschlag »Du bist stark, schlag einmal zurück, dann hast du Ruhe« war sicher gut gemeint, konnte ich aber nicht in die Tat umsetzen. Also spielten die »Rustikalen« weiter mit und überwiegend mit mir. Ich überstand die Zeit erstaunlicherweise ohne größere körperliche Blessuren.

Nach einem Sturz von einem drei Meter hohen Kletterturm in einer Schulpause – nein, nein, da hat mich kein »Rustikaler« geschubst, ein Klassenkamerad hatte mich unachtsam angerempelt, – erklärte der Arzt mir und meinen Eltern, dass es wohl meiner Sportlichkeit zu verdanken sei, dass ich lediglich den Arm gebrochen, aber nichts Schlimmeres hatte. In dieser Hinsicht schützte mich der Sport zumindest.

Mein sehnlicher Wunsch, mich von den Demütigungen der »Rustikalen« für immer zu befreien, hätte jedoch nicht größer sein können.

Die Liebe zum Kampfsport wächst

Kampfsport war eindeutig das Richtige für mich, aber das Judo-Training allein schien mein Selbstbewusstsein nicht zu stärken. Deshalb besuchte Papa mit mir andere Kampfsportschulen. Und wohl wieder aus einer Familientradition heraus waren es überwiegend Karatevereine, die wir besichtigten. Das, was ich dort zu sehen bekam, faszinierte mich vom ersten Augenblick an, und sehr schnell stand mein Entschluss fest, dass ich so etwas gern machen wollte.

Besichtigungstouren sind jedoch das eine, die Anmeldung in einer Kampfsportschule aber ist ein ganz anderes Thema. Nicht nur mein Interesse war ausschlaggebend für die Wahl der neuen Sportstätte, meine Eltern hatten inzwischen einen ganzen Kriterienkatalog zusammengestellt. Zunächst einmal sollten dort keine »Rustikalen« zu finden sein – wie auch immer man das herausfinden wollte. Außerdem spielten gute Erreichbarkeit und passende Trainingszeiten eine große Rolle; nicht zu vergessen die Berücksichtigung der schulischen Belange, die keinesfalls zu kurz kommen sollten. So begann schließlich eine aufwendige Suche nach der optimalen Kampfsportschule.

Lag es am vermeintlichen Bruch mit der Familientradition oder doch an der Tatsache, dass die eher unsportliche Mama fündig wurde, jedenfalls schaute Papa zunächst skeptisch, als Mama ihr Objekt vorstellte. Statt eines Karatevereins hatte sie eine Kung-Fu-Schule ausfindig gemacht. Nun, ob Karate oder Kung-Fu, das war für mich zunächst einmal nicht so wichtig, denn noch ähnelten sich diese verschiedenen Kampfkünste für mich sehr.

Und wenn ich im Judoverein bislang zweimal die Woche Abwechslung fand, so bestand nun die Möglichkeit, fünfmal in der Woche am Kung-Fu-Training teilzunehmen, was mich sofort begeisterte. Meine Eltern hatten nichts dagegen –

sofern ich dadurch das Lernen nicht vernachlässigte, Hausaufgaben hätten klar Priorität.

Mit acht Jahren betrat ich also zum ersten Mal in meinem Leben eine Kung-Fu-Schule. Und bereits beim Probetraining stellte ich fest, dass dieser Kampfsport von den Bewegungsabläufen her ein himmelweiter Unterschied zu dem war, was ich bislang gelernt hatte. Das Training machte mir noch mehr Spaß als die Judo-Übungen, was wohl an dem Miteinander lag: Eine solche Freundlichkeit und Hilfsbereitschaft hatte ich noch nicht kennengelernt. Und dabei ging es hier trotz aller Nettigkeit um einiges strenger zu als im Judoverein: wiederholen, wiederholen und immer wieder wiederholen; höher, schneller, noch höher und noch schneller – und dann das Ganze wieder von vorne.

Aber gerade diese Anforderungen waren es, die mich anspornten: Alles geben, bis man am Ende des Trainings völlig geschafft von den Eltern abgeholt wird. Das fühlte sich verdammt gut an!

Mit wachsender Freude an dieser alten Kampfkunst begannen sich im Laufe der Zeit auch meine kindlichen Träume zu verändern. Während andere Jungen im Schlaf wohl als Piraten unterwegs waren oder als Cowboys durchs Land ritten, träumte ich schon bald davon, einmal ein Kung-Fu-Meister zu werden. Anschauliche Vorbilder gab es in asiatischen Kampfkunstfilmen genug, die ich bereits in ersten kleinen Dosen gemeinsam mit meinem Vater schauen durfte. Bruce Lee, wer sonst, wurde der Held meiner Kinder- und Jugendtage.

Schon bald war Kung-Fu die einzige Freizeitbeschäftigung, die mir wirklich Freude bereitete. Darum fiel es mir überhaupt nicht schwer, mich zum alltäglichen Training aufzuraffen. Familiäre Ausflugsprogramme an den Wochenenden gab es zwar weiterhin, doch selbst dann ließ mich das

Thema Kung-Fu nicht los, ich konnte unermüdlich darüber reden. Zum Glück war meine Familie nie genervt davon – oder hat es mir netterweise nicht gezeigt.

Entgegen dem ursprünglich von den Eltern aufgestellten Kriterienplan lag die Kung-Fu-Schule doch so weit von unserem Zuhause entfernt, dass ich zum Training gebracht und abgeholt werden musste. Egal, ob Papa, Mama oder Nadine mich begleitete, oftmals blieb demjenigen gar nichts anderes übrig, als zum Zuschauen zu bleiben, und alle drei waren nie böse darüber oder langweilten sich gar dabei. Meine Freude an diesem Sport schien sich mehr und mehr auf sie zu übertragen, sodass sie manchmal zu zweit oder sogar zu dritt mitkamen. Mein Vater, dessen Beine und Arme inzwischen jedes Mal mitzuckten, wenn er mein Training verfolgte, meldete sich bald sogar selbst in einem Kurs an, was den Vorteil hatte, dass er seine gut gemeinten Tipps nun selbst ausprobieren konnte.

Tim, meinen ältesten Freund aus Kindertagen, versuchte ich unermüdlich davon zu überzeugen, dass Kung-Fu das einzig Wahre war. Und dann schaffte ich es endlich: Er wurde ebenfalls Mitglied in der Kung-Fu-Schule, und mit ihm an meiner Seite machte die ganze Sache wirklich nur noch Spaß.

Die Bereitschaft, mich beim Training selbst zu fordern und nicht gleich aufzugeben, wenn mal etwas nicht gelang, sondern immer weiter und weiter zu trainieren, zahlte sich aus: Für einen mittlerweile Zehnjährigen war meine körperliche Verfassung bestens. Die Tatsache allerdings, dass ich ausgerechnet an den Trainingseinheiten zur Kampftechnik überaus großen Gefallen fand, wunderte nicht nur mich. Im Gegensatz zu den Erfahrungen, die ich außerhalb der Trainingshalle gemacht hatte, gefiel es mir nun, mich mit Gleichaltrigen kampfsportlich zu messen, mit Geschick und

Schnelligkeit den Angriffen der »Gegner« auszuweichen und sogar selbst gezielte Treffer zu landen. Doch außerhalb der Trainingshalle, wenn ich den »Rustikalen« über den Weg lief, dann konzentrierte ich mich automatisch wieder auf das Fortrennen und vergaß, dass mir das Kämpfen so viel Freude machen konnte. Sich sportlich zu messen oder sich mit anderen zu prügeln, das ist eben ein großer Unterschied.

Wie unglaublich stolz war ich, als der Großmeister der Kung-Fu-Schule nach der ersten Prüfung meinen überdurchschnittlichen Einsatz mit einem Vermerk auf der Urkunde belohnte. »Sehr gute Leistung« las ich mit pochendem Herzen. Und dann durfte ich endlich die »gelbe Schärpe« umlegen. Sie unterschied mich von den Anfängern, die stets nachrückten und wie ich bisher Weiß trugen. Mit dem Tragen der ersten farbigen Schärpe entbrannte mein Ehrgeiz, die folgenden höheren Stufen zu erreichen, deren Schärpen mir noch besser gefielen, sie waren orange, grün, blau … Ich hatte noch einiges zu lernen, und ich wollte unbedingt weiterkommen.

Erfahrungen und erste Erkenntnisse

Bereits vier Jahre lang trainierte ich in der Kung-Fu-Schule und hatte zu jeder weiteren Prüfung stets ein Extralob des Meisters erhalten, was mich immer noch mehr anspornte. Und jeden Trainingstag lernte ich irgendetwas dazu, umso wichtiger waren natürlich die steten Wiederholungen des zuvor Erlernten, um die zahlreichen Bewegungsabläufe nicht zu vergessen und zu optimieren, schneller zu werden, kraftvoller und geübter. Dann, mit zwölf Jahren, durfte ich als einer der Sportler unserer Schule zum ersten Mal an einer Meisterschaft teilnehmen. Im Vorfeld dazu musste ich entscheiden, in welcher der mannigfachen Kung-Fu-Formen ich mich messen wollte – zum Beispiel einer Form im Tiefstand mit gebeugten Knien oder einem Bewegungsablauf, bei dem besonders die Hände eingesetzt werden, oder einer Partnerform oder einer mit einer kurzen oder einer langen Waffe … Die Vielfalt zeichnet Kung-Fu aus und macht es so interessant. Aber in welcher Form würde ich möglichst gut abschneiden können. Ich wählte den Semikontakt-Kampf, bei dem vor allem das Reaktionsvermögen, die Schnelligkeit bei Angriff und Abwehr, trainiert wird. Nachteil hierbei war, dass eine entsprechende Schutzbekleidung getragen werden musste, die ebenso hinderlich wie nützlich sein konnte. Am meisten machte mir jedes Mal der Helm zu schaffen, mit diesem Ding auf dem Kopf fühlte ich mich wie eingesperrt – dem jeweiligen Gegner würde es immerhin nicht anders ergehen.

Aus vielen verschiedenen Städten kamen die Teilnehmer zu der Meisterschaft im Ruhrgebiet angereist. Ich, selbstverständlich in Begleitung der kompletten Familie, war erst spät an der Reihe, aber ich hätte mir um keinen Preis auch nur eine Minute der vielen Darbietungen entgehen lassen. Und ich lernte viele Kampfsportler aus anderen Vereinen kennen – ebenfalls alles sehr freundliche Menschen –, und wir tauschten uns über den jeweiligen Stand unserer Ausbildung und unsere bisherigen Erfahrungen aus. Mit Zuschauen und Gesprächen kam mir das Warten auf meinen Einsatz gar nicht so lange vor.

»Guck mal, der Mattenrichter muss aber Tomaten auf den Augen haben«, witzelte mein Vater einmal neben mir. Dabei hatte er recht, das Urteil des schmalen deutschen Entscheidungsträgers konnte man nicht immer nachvollziehen, aus unserem Blickwinkel hatte sich das Dargebotene oft ganz anders dargestellt. Doch außer uns schien sich niemand zu wundern.

Als ich schließlich aufgerufen wurde, fühlte ich mich gut. Ich hatte mich am Mattenrand ein wenig aufwärmen können, alles stimmte so weit. Doch was dann folgte, bescherte mir die schmerzhafteste Erfahrung, die ich in meinem jungen Leben je machen musste. Ich bezog dermaßen Prügel von meinem Kampfgegner – einer dieser vielen freundlichen Menschen –, wie ich sie selbst von den »Rustikalen« nie abbekommen hatte. Noch mehr als das Einsteckenmüssen von Schlägen ärgerte mich aber, dass ich vor aller Augen und ohne, dass sich jemand beschwerte – meine laut schimpfende Schwester Nadine mal ausgenommen –, ungerecht behandelt wurde. Papa war, wie er mir hinterher sagte, in Schockstarre verfallen, Mama hatte die Halle sogar verlassen, weil sie nicht zusehen konnte.

Trotz der Härte des Gegners hatte ich aus dem ersten Kampf noch als klarer Sieger hervorgehen können. Beim zweiten Kampf traf ich auf einen Schüler des ausrichtenden Vereins. Unentwegt ermahnte mich der Mattenrichter jetzt wegen angeblich zu harter Schläge und Tritte. Dabei schlug mein Gegner nicht weniger heftig zurück, zumal noch auf die Stellen, die laut Regelwerk nicht getroffen werden dürfen. Er wurde jedoch kein einziges Mal zur Ordnung gerufen. Besonders gemein traf mich ein Tritt, nahe des Unterleibs, bei dem mir für einen Moment der Atem wegblieb. Jetzt war es auch meinem Meister zu viel, und er reklamierte die Sache beim Mattenrichter, woraufhin ich eine »neue Chance« erhielt.

Unmittelbar nach dem gerade geführten Kampf durfte ich gegen einen neuen Gegner des ausrichtenden Vereins antreten. Und der war um einiges größer, schwerer und älter als ich, was der Mattenrichter jedoch nicht zu bemerken schien.

Als hätte mein Gegner den Auftrag bekommen, schon wegen des Reklamierens richtig zuzulangen, bezog ich abermals ordentlich Prügel. Keinerlei Ermahnung wegen übertriebener Härte folgte. Auch wenn es Sinn gemacht hätte, ich brach den Kampf nicht vorzeitig ab, sondern gab weiterhin mein Bestes. Aber die Chancen, wenn eine Maus gegen einen Elefanten antritt, stehen einfach schlecht. Somit war bereits zu Kampfbeginn abzusehen, dass ich den Fight klar verlieren würde. Die Tränen, die ich nicht zurückhalten konnte, liefen mir nicht wegen der Schmerzen über das Gesicht, sondern aus Wut über die ungerechte Behandlung.

Bei den noch folgenden Wettkämpfen, die ich als Zuschauer erlebte, sah ich ebenfalls Ungereimtheiten. Als schließlich der Vollkontaktkampf der Erwachsenen anstand, da wurde mir klar, dass nur diese Form des Kampfes einem die Möglichkeit bot, selbst eine klare Entscheidung herbeizuführen, da bei so einem Kampf die Mattenrichter weitaus weniger Einfluss nehmen können. Leider durfte ich beim Vollkontaktkampf noch nicht mitmachen.

Der Kämpfer, der mich so ordentlich verprügelt hatte, trat ein zweites Mal bei den jungen Erwachsenen an, und es stellte sich heraus, dass er fünf oder sechs Jahre älter als ich war.

Mein Vater und ich vermuteten, dass die Pokale für die Preisverleihung am Ende der Veranstaltung sehr wertvoll sein mussten. Der ausrichtende Verein hatte anscheinend ein großes Interesse daran, viele davon in den eigenen Reihen zu halten. Ich fragte mich, wie man sich als Kämpfer über einen manipulierten Sieg überhaupt freuen konnte.

Obwohl meine Eltern annahmen, dass nach dem Erlebten für mich wohl Schluss mit Kung-Fu sein würde, trainierte ich fleißig weiter, und die Erinnerung an die Schmerzen und die Wut verblasste. Bei der Teilnahme an neuen Wettbewerben sammelte ich zum Glück auch neue Erfahrungen und schnitt deutlich besser ab. Dennoch behielt ich mein frühes

Urteil im Kopf, dass nur ein Knock-out im Vollkontakt vor zweifelhaften Entscheidungen der Mattenrichter schützt.

In dieser Zeit begann ich freiwillig dickere Bücher zu verschlingen, wenn es denn Bücher über meinen Sport oder Bruce Lee waren. Im Gegensatz zu meiner Schwester war ich vorher nicht als Leseratte aufgefallen, lediglich längere Texte für die Schule las ich gezwungenermaßen. Ich ging inzwischen auf die Realschule, wo ich meist mit Daniel in den Pausen abhing, der kein Bruce-Lee-Fan war, aber sportlich interessiert, immerhin. Ich versuchte es bei Daniel erst gar nicht, ihn zum aktiven Kampfsport zu überreden, inzwischen hatte ich verstanden, dass nicht alle so einen sportlichen Ehrgeiz entwickeln wie ich. Mein Freund Tim, der auf eine andere weiterführende Schule gewechselt hatte, gab das Training in der Kung-Fu-Schule schließlich auf, weshalb wir uns kaum mehr sahen. Denn meine Freizeit verbrachte ich nun mal am liebsten beim Training.

Ein Buch über die Kampfkunst der Shaolin-Mönche mit eindrucksvollem Bildteil zeigte mir auf, was die Männer mittels mentaler Kräfte vollbringen konnten. Das war für mich noch schwer zu verstehen, aber vielleicht faszinierte mich das Ganze gerade deshalb umso mehr.

Fasziniert studierte ich die Beschreibung eines Shaolin-Meisters. Ich hatte in meiner bisherigen Kampfsportlaufbahn schon einige Kung-Fu-Meister erlebt, und es gab große Unterscheide zwischen ihnen. Aber selbst die Besseren reichten nicht an solch einen Shaolin heran. Das mussten die wahren Meister sein, und so einer wollte ich werden.

Im Kung-Fu der Shaolin gab es auch kein Prüfungssystem mit Gürteln, also kein Stufensystem, wie ich es kannte. Man lernte, trainierte, um sich laufend zu verbessern, nicht um eine Schärpe höheren Grades zu erlangen. Bei den Meistern, die ich kannte, war gar nicht auszumachen, wer den Titel für seine außerordentlichen Fähigkeiten und wer ihn ehrenhalber bekommen hatte, deshalb beschloss ich kurzerhand, an keiner Prüfung mehr teilzunehmen und auf weitere farbige Schärpen, extra Lob, womöglich höhere Ränge oder gar Titel zu verzichten. Denn, wie soll mein großes Vorbild Bruce Lee einst so schön gesagt haben: »Gürtel sind dazu da, damit die Hose nicht rutscht.«

Dass ich keine Prüfungen mehr ablegen mochte, bedeutete aber nicht, dass ich mich schonen wollte. Im Gegenteil! Mein selbst erklärtes Ziel: meine Fertigkeiten verbessern. Und das konnte ich nur durch mehr Trainingseinheiten. Und so nutzte ich ab jetzt auch außerhalb der Kung-Fu-Schule jede Möglichkeit, mich sportlich zu fordern. So oft wie möglich joggen, vor der Schule und am Abend Übungen zu Hause, ich legte mir einen anspruchsvollen Plan zurecht, an den ich mich eisern hielt. Doch selbst nach Wochen blieb das Gefühl, auf der Stelle zu treten, erhalten. Wirkliche Fortschritte konnte ich nicht ausmachen. Allein zu trainieren und ohne Lehrer, der einen verbessert, ist schwierig. Ich überlegte mir, dass ich mich neben dem Kung-Fu an meiner Schule noch mit anderen Kampfsportarten befassen konnte, um so eventuelle Lücken schließen zu können.

Gedacht, getan! Neben meinem »normalen« Kung-Fu-Training meldete ich mich noch für Wing-Chung an, trainierte Karate und buchte einen Kurs im Thaiboxen. Und nebenbei schloss ich meine Schulausbildung ab und suchte mir einen Ausbildungsplatz.

Ich wollte gern mit meinen Händen arbeiten. In der achten Klasse hatte ich ein Praktikum bei einem Schreiner gemacht, und die Richtung stimmte, aber ich wünschte mir eher einen Beruf, der etwas künstlerischer war. Durch einen Lehrer erfuhr ich, dass eine Firma die Ausbildung zum

Graveur anbot. Ich informierte mich darüber und fand es spannend: Gegenstände aus Metall, Kunststoff oder Glas mit Schrift, Ornamenten oder Bildern zu versehen, das gefiel mir, einer Münze ein Gesicht geben, kunstfertig Glas oder Schmuck zu gravieren … Ich bewarb mich und wurde genommen.

Jeden Tag trainierte ich nach der Arbeit zuerst Kung-Fu und dann noch eine der anderen Kampfsportarten. Trotzdem kam ich an Wochentagen nicht über vier Stunden Training hinaus, nur an den Wochenenden schaffte ich schon mal mehr. Freizeit kannte ich kaum noch, selbst die Familienausflüge fanden nun meist ohne mich statt.

Aber brachten mich dieses Ausprobieren und Üben der verschiedenen Kampfsportarten meinem Ziel, meine Fertigkeiten zu verbessern, näher? Nicht in dem Maße, dass ich zufrieden war. Leider. Ich lernte zwar viel Neues und beschäftigte mich immer häufiger auch mit der Theorie hinter der Praxis, was sehr aufschlussreich war, aber so groß kamen mir die Unterschiede dann doch nicht vor: Mal wurde das Training vom Aufbau her ein wenig anders dargestellt, mal rückten andere Techniken und Bewegungsabläufe in den Vordergrund. Natürlich waren die jeweiligen Lehrer immer überzeugt, dass ihre Kampfsportart die beste und effektivste sei. Ich hörte mir ihre Ausführungen dazu an, aber ich ließ mich davon nicht beeindrucken, ich wollte selbst sehen, was ich von der jeweiligen Kampftechnik umsetzen und für mich verwenden konnte.

Die meisten bekannten Kampfkünste kommen aus Asien und sind stark vom Buddhismus beeinflusst. Aber über den Buddhismus erfuhr ich in den Schulen nichts – lediglich die buddhistischen Gepflogenheiten wie das Aneinanderlegen der Hände vor der Brust und das Verbeugen fanden als feste Bestandteile in den Trainingsabläufen statt. Ich begann immer häufiger Fragen zu stellen, etwa, ob man ohne eine buddhistische Lebensweise im Kung-Fu überhaupt weiterkommen kann. Was macht das buddhistische in der jeweiligen Kampfkunst denn aus? Was muss ich tun, um mentale Stärke zu gewinnen? Die meisten Lehrer begrüßten meine Neugierde, gaben mir aber nur unbefriedigende Antworten. »Du musst an deine inneren Kräfte glauben, Julian«, sagte mir ein älterer Kung-Fu-Lehrer lächelnd, damit war das Thema für ihn erledigt. »Du bist auf gutem Wege, aber du musst noch üben, üben, üben«, sagte ein Karate-Lehrer.

Unsicher überlegte ich, ob ich die Antworten nur nicht richtig verstand oder ob sie wirklich so dürftig waren, wie sie mir vorkamen.

In meinem Buch über die Shaolin las ich immer wieder über den Zusammenhang von buddhistischem Glauben und der Kampfkunst, und ich stellte mir vor, dass ein Training und Gespräche mit solch einem Shaolin-Mönch mir endlich den richtigen Weg zeigen könnten. Aber wie sollte das funktionieren? Ich war mitten in der Berufsausbildung und nicht mal volljährig, sprach kein Wort Chinesisch, und meine ansonsten toleranten Eltern, was meine Leidenschaft für die Kampfkünste anging, würden mich mit Sicherheit nicht alleine nach China reisen lassen. Nicht in absehbarer Zeit. Damit musste ich mich abfinden.

Doch in mir kamen immer mehr Zweifel auf. Durch das gesteigerte und vielfältigere Trainingsprogramm wurde ich zwar körperlich immer fitter, aber einen Zusammenhang von mentaler und körperlicher Stärke verspürte ich nicht wirklich. Das Gefühl, mich selbst nur als durchschnittlich bewerten zu können, machte mich mehr und mehr unzufrieden, und dadurch beurteilte ich andere wohl auch ungerechter. Mit diesem Wissen über mich wuchs mein Ärger, und ich wusste bald nicht mehr, was mit mir los war. Sogar meine Berufsausbildung, die mir zu Beginn so viel Freude gemacht hatte, konnte mir nichts mehr geben. Wie sehr hatte ich mich doch darauf gefreut, mit meinen Händen etwas zu erschaffen, zu zeichnen, Schmuck zu bearbeiten und den Kupferstich zu erlernen.

Wenn ich nun daran dachte, dass ich diesen Beruf bis ins Alter ausüben würde, ausüben musste, dann kam mir mein Leben mit 16 Jahren schon ganz schön verplant vor. Wenn ich mir ausmalte, wie abwechslungsreich ein Leben doch sein könnte, dann wurde nach meiner Meinung beim bisherigen Verlauf für erschreckend wenig Lebensinhalt vergleichsweise viel Lebenszeit gewährt.

Diese Gedanken deprimierten mich, nur wenn ich zum Training ging und mich selbst bis zum Äußersten forderte, fühlte ich mich wieder lebendig und kraftvoll. Sobald aber wieder Ruhe einkehrte, kam die Unzufriedenheit zurück. Ich hatte so viele Fragen in meinem Kopf, doch wo fand ich die Antworten dazu?

Happy Birthday, Julian

Es gab wohl *keinen* Tag, an dem etwas wichtiger sein konnte als mein Trainingsprogramm. Jedenfalls kam ich auch an diesem Freitag im Dezember nach der Arbeit nicht gleich oder wenigstens früher nach Hause als sonst, obwohl dort sicher fröhliche Leute und ein Kuchen mit Kerzen auf mich warteten. Hey, heute war ich 17 geworden und hätte einen guten Grund, das Training ausfallen zu lassen. Stattdessen eilte ich in Vorfreude zur Kung-Fu-Schule, zum Highlight meines Tages, das dachte ich zumindest. Erst am Abend kam ich nach Hause, wo sich meine Eltern fast schon in alter Tradition ihre Freunde zum Feiern eingeladen hatten. Alles nette Menschen, aber ich fand das zu trubelig. Also schnell mal ins Wohnzimmer, mehrfach Hände schütteln und Glückwünsche entgegennehmen. Meine Eltern strahlten um die Wette, irgendwie kam mir trotzdem noch nichts verdächtig vor. Auch als sie mir einen schlichten Umschlag überreichten und ich schon befürchtete, das breite Grinsen würde ihnen im Gesicht stehen bleiben, blieb ich locker. Was sollte heute schon anders sein als an anderen Geburtstagen, meine Familie feierte, ich würde Geschenke bekommen, später würde ich noch mit ein paar Freunden ausgehen. Ich hielt den Umschlag in meiner Hand hoch und sagte: »Danke. Mach ich später auf.«

Was sollte in dem Kuvert sein, außer einer Karte und etwas Barem vielleicht?

»Magst du deinen Geburtstagskuchen probieren?«, fragte Mama.

»Nee. Lieber gleich von der Pizza.«

»Dann trink wenigstens einen Tee, den hab ich gerade frisch aufgebrüht.«

Auf dem Weg in mein Zimmer nahm ich einen ersten vorsichtigen Schluck, stellte die Teeschale dann auf den niedrigen kleinen Tisch mit den Sitzkissen darum und legte eine CD ein.

Als ich kurz danach den Inhalt des Kuverts in Händen hielt, war ich baff.

Es steckten zwei Gutscheine darin, die mich sprachlos machten. Gut, dass ich jetzt nicht inmitten der feiernden Meute im Wohnzimmer saß. Gutschein Nummer eins würde mir ein zweiwöchiges Full-Time-Training im Shaolin-Tempel Berlin verschaffen. WAHNSINN! Und ich hatte nicht einmal gewusst, dass es in Berlin einen Shaolin-Tempel gab. Shaolin bedeutete für mich China. Punkt. Nie wäre ich auf die Idee gekommen, Ordenshäuser in Deutschland zu suchen. Aber meine Eltern, die machten so etwas ausfindig. Der zweite Gutschein war für einen zweiwöchigen Hotelaufenthalt in Berlin. Noch mal WAHNSINN! Ich, zwei Wochen allein in Berlin und als Gast im Shaolin-Tempel, um mit den buddhistischen Kung-Fu-Meistern zu trainieren. Damit erfüllten mir meine Eltern meinen absoluten Wunschtraum. Klar hatten sie mir schon häufig etwas geschenkt, das in Bezug zu meinem Sport stand, und auch mein heißgeliebtes Mofa kam pünktlich zum Geburtstag vorgefahren. Aber das hier übertraf wirklich alles!

Als ich die Zimmertür öffnete, um mich bedanken zu gehen, warteten Mama, Papa und natürlich Nadine bereits gespannt in der Nähe. Die drei freuten sich wie immer so sehr mit mir, dass man hätte denken können, sie wollten selbst gern zu den Shaolin-Mönchen reisen.

Meinen Freunden, die ich später noch in einem Lokal zum Anstoßen traf, erzählte ich nichts von den Berlinplänen. Mir schien das alles noch viel zu wenig durchdacht. Und außerdem hatte sich kurz nach der ersten Euphorie noch ein anderes Gefühl eingestellt. Unbehagen. Unbehagen, wenn ich daran dachte, was ich alles über Shaolin-Kung-Fu gelesen hatte, wie hart, ja schon unmenschlich das Training sein sollte: Wollte ich mich wirklich auf so etwas einlassen? Schließlich bestand durchaus die Möglichkeit, dass ich mich bis auf die Knochen blamierte. Absolut sicher, dass ich die Gutscheine auch einlösen würde, war ich mir nicht mehr.

Ballermann-Party oder Klosterzeit?

Ursprünglich hatte ich für die anstehenden Berufsschulferien einen Urlaub mit Freunden am Mittelmeer vorgesehen. Einfach mal Sonne, Strand und Meer genießen, natürlich Party machen. Aber es sind eben die einzigen zwei Wochen am Stück, die ich für den Aufenthalt im Berliner Shaolin-Tempel habe. Meine Eltern gehen davon aus, dass ich das Geburtstagsgeschenk lieber heute als morgen einlösen möchte. Und die meiste Zeit ist das auch so, aber dann gibt es immer wieder Minuten voller Zweifel. Und die Freunde, die wissen noch gar nicht, was ich da vorhabe.

»Übrigens, ich fliege doch nicht mit nach Mallorca …«

»Hey, Julian, mach keinen Scheiß. Was ist los?«

»Ich möchte lieber in ein Kloster, zum Kung-Fu-Training mit Shaolin-Mönchen.«

»Ne, klar. Guter Scherz. Ich dachte gerade schon, du wolltest wirklich nicht mit in die Sonne.«

So stellte ich mir das Gespräch mit den Kumpels vor. Und ungefähr so verlief es dann später auch.

Die Entscheidung hatte ich mir, weiß Gott, nicht leicht gemacht. Keiner meiner Freunde würde seinen Urlaub für ein vergleichbares Trainingsprogramm opfern. Zumal, wie sie meinten, ich mehr als genug Sport trieb. Aber es war nun mal mein Traum, einmal mit den Shaolin trainieren zu dürfen. Wenn ich mich jetzt Richtung Partymeile Mittelmeer aufmachte, dann würde ich mich sicher schon am ersten Abend schwarzärgern, weil ich diese einmalige Chance nicht genutzt hatte. Mit dem engen Zeitfenster jedoch blieb mir nichts anderes übrig, als locker zu bleiben und den Zufall entscheiden zu lassen: Wenn's nach meinen Wünschen ging, fuhr ich nach Berlin – und wenn nicht, dann eben ans Mittelmeer.

Es sah ein paar Tage lang ganz so aus, als würde der Zufall den Badeurlaub bevorzugen, denn die Kontaktaufnahme zu den Mönchen verlief nicht ganz so wie erwartet. Nach einer telefonischen Auskunft steckte der Shaolin-Tempel Berlin in irgendwelchen Schwierigkeiten. Doch bevor so etwas wie Enttäuschung in mir aufkommen konnte, verwies man mich an einen anderen Tempel, der sich in Kaiserslautern befand. Es gab also sogar noch einen Shaolin-Tempel in Deutschland, von dem ich überhaupt nichts wusste. Irgendwie wurmte es mich schon, festzustellen, wie wenig Ahnung ich bei aller Begeisterung und aktiven Betätigung im Kung-Fu hatte. Und warum war mir noch nie von Shaolin in Deutschland erzählt worden, keiner meiner Trainer schien darüber Bescheid zu wissen.

Ein Anruf im Shaolin-Tempel Kaiserslautern ließ neue Hoffnung aufkommen. Es war möglich, dort zu trainieren, und es war sogar möglich, innerhalb der Klostermauern zu leben und am Alltag der Mönche teilzunehmen. Das hörte sich sehr gut an, sogar noch besser als die Berlin-Variante. In Kaiserslautern wäre ich ins Klosterleben eingebunden und musste abends nicht allein ins Hotel.

Einfach dorthin zu reisen und mit einem »Hallo, hier bin ich« ins Klosterleben einzusteigen, so lief es natürlich nicht. Das zweiwöchige Programm, das ich vorhatte, nannten sie in Kaiserslautern »Kloster auf Zeit«, und ihm würde ein persönliches Vorstellungsgespräch vorangehen.

Wieder mit den Eltern Rücksprache gehalten und nochmals mit Kaiserslautern telefoniert, dann stand der Termin für ein gegenseitiges Kennenlernen.

Mit etwa drei Stunden Fahrtzeit war die Anreise nach Kaiserslautern deutlich geringer, als sie es nach Berlin gewesen wäre. Doch als das Navigationsgerät »Ziel erreicht« meldete, schauten wir uns verdutzt auf der Hauptverkehrsstraße um; auf den ersten Blick konnten wir kein Gebäude ausmachen, das auch nur annähernd einem Tempel ähnelte. Während meine Eltern unbeirrbar nach einem irgendwie sakral anmutenden Bau Ausschau hielten, orientierte ich mich an der Hausnummer und wurde fündig. Auf dem Klingelschild eines wenig gepflegten Altbaus las ich »Shaolin-Tempel«.

Eine weitere Überraschung wartete auf uns, als wir auf das Klingeln hin eingelassen wurden. Der Abt des Klosters, der uns begrüßte und sich mit dem Namen Shi Heng Zong vorstellte, war der Herr, mit dem ich telefoniert hatte. Aber, ich hatte mir beim Gespräch einen Chinesen mit hervorragenden Deutschkenntnissen vorgestellt, nun stand ich einem wohlbeleibten Pfälzer in der Tracht der Shaolin gegenüber.

Freundlich bat er uns in die Räume, die immerhin doch noch Tempel-Atmosphäre verströmten. Die Wände waren mit Bildern von buddhistischen Heiligen und Shaolin-Mönchen, Wandbehängen mit chinesischen Schriftzeichen und alten Schwertern und Säbeln dekoriert. Der angenehme Duft von Räucherstäbchen lag in der Luft.

»Möchten Sie Tee?« Mit diesen Worten lud der Abt auch zum Gespräch ein, denn kurz darauf saßen wir vor dampfenden Teeschalen in seinem Büro, und der Ordensvorsteher erzählte uns zunächst etwas zu seiner Person und seinem Werdegang. Danach waren wir an der Reihe, uns näher vorzustellen, bis der Abt das Gespräch wieder übernahm und Erklärungen, Belehrungen und Fragen folgen ließ.

»Es wird acht Stunden pro Tag trainiert«, sagte er, ohne eine Miene zu verziehen.

Oh, doppelt so lang wie ich es gewohnt bin.

Dazu würden noch Hausarbeiten, theoretischer Unterricht, Zeremonien und vieles mehr kommen. In den vergangenen eineinhalb Jahren sei es keinem der rund 600 Bewerber gelungen, die »magische« Dreitagesgrenze zu überstehen, setzte der Abt seine Rede fort. »Viele haben sogar schon nach dem ersten Tag das Handtuch geschmissen.«

Mein scherzhafter Ausspruch »Dann bin ich der Erste, der es schafft« wurde mit einem Schmunzeln, jedoch ohne weiteren Kommentar zur Kenntnis genommen. Es folgten noch viele Infos, bis wir zum guten Schluss einen Termin erhielten, an dem es für mich möglich wäre, für zwei Wochen das »Kloster auf Zeit« zu absolvieren.

Aufgrund der angeregten Unterhaltung über das soeben Erlebte verging die Rückfahrt wie im Fluge, und es war wahrscheinlich das Zuviel an Informationen, das meine Eltern gar nicht mehr so glücklich aussehen ließ. Ich aber freute mich auf die Zeit im Kloster – allerdings hatte ich zuerst noch mit meinem Chef zu sprechen, denn nun musste ich doch noch ein paar Tage extra Urlaub beantragen. Aber das sollte keine Hürde mehr sein, dachte ich zuversichtlich und wurde nicht enttäuscht.

Wenige Tage vor meinem ganz speziellen Kloster-Abenteuer klingelte das Telefon, und Mama reichte den Hörer an mich weiter. Eine Dame von *Spiegel TV* war am anderen Ende der Leitung. Man wolle eine Doku über Kampfkünste im Allgemeinen und wie Jugendliche damit umgehen erstellen. Sie habe erfahren, dass im Shaolin-Tempel Kaiserslautern jemand das »Kloster auf Zeit« absolvieren wolle und dass ich das sei. Ob sie mich mit der Kamera begleiten dürfe.

Hmmm …, ja, warum eigentlich nicht, meinem Erfahrungshunger würde es wohl nicht hinderlich sein. Und für später sei es eine tolle Erinnerung, meinten meine Eltern.

Während meine Freunde Strandsachen in ihre Koffer legten, packte ich vor allem Sportzeug und zwei dicke, leere Notizbücher ein.

II. Bei den Shaolin in Deutschland

Was blieb, waren Schmerzen

Der 1. Juli 2006, ein strahlender Hochsommertag – genau richtig, um irgendwo am Meer zu sein, faul im Sand zu liegen und nach Sonnenuntergang Party zu machen. Doch ich stand an diesem Morgen zu Hause in der Küche und aß wohl vorerst zum letzten Mal ein Mettbrötchen, bevor mich meine Eltern ins Kloster nach Kaiserslautern brachten, wo rein vegetarisches Essen auf dem Speiseplan stand. Das Kamerateam von der TV-Produktion war ebenfalls eingetroffen, und die Fragen, die mir die leitende Dame des Filmteams stellte, halfen gegen die wachsende Nervosität.

Dann ging es aber auch schon los, eine kurzweilige Fahrt bei all den Ratschlägen, die meine Eltern für mich parat hatten. Sie schienen noch viel aufgeregter zu sein als ich.

Diesmal empfing Abt Shi Heng Zong mich und meine Familie nicht allein, Shaolin-Meister Shifu Shi Heng Cheng, Laienmönch Sompeth und Novize Shi Xiao He, Letztere etwa in meinem Alter, begrüßten uns ebenfalls. Ich fühlte mich sogleich wieder wohl in diesem Haus, und selbst die herumwuselnden Kameraleute störten meine Freude, hier anzukommen, nicht.

Es folgte ein informeller Teil im Büro des Abts, und obwohl ich nicht mit wirklich neuen Informationen rechnete, hörte ich gut zu: Während meines Aufenthalts galten für mich wie für alle anderen, die hier lebten, dieselben Regeln und somit völlige Unterwerfung unter die Klosterdisziplin. Im Einzelnen hieß das, kein weltlicher Besitz, kein Alkohol,

Einhaltung des Zölibats, Gehorsam, außerdem Mitarbeit in der Küche, also beim Vorbereiten der Mahlzeiten, und bei allen anfallenden Haus- und Putzarbeiten im Kloster. Abschließend wies der Abt nachdrücklich darauf hin, dass ich meinen Besuch jederzeit abbrechen könne, wenn ich mich überfordert oder fehl am Platze fühle.

Mama machte einen mehr als besorgten Eindruck, Papa bemühte sich, locker rüberzukommen, ich hingegen fand die klaren Ansagen hilfreich und hatte sogar ein bisschen das Gefühl, als würde ich schon lange zu dieser Klostertruppe gehören. Insofern fiel mir der Abschied von meinen Eltern gar nicht so schwer.

In Mamas Augen aber standen Tränen, Papas Augen schimmerten auch schon verräterisch. Doch dann lachte er und sagte: »Du weißt ja, dass Kung-Fu ›harte Arbeit‹ beutet.«

Nach Abfahrt meiner Eltern führten mich Novize Shi Xiao He und Laienmönch Sompeth durchs Haus und zeigten mir mein kleines Zimmer, in dem lediglich ein Bett und ein Schrank standen. Auf der sonnigen Terrasse setzten wir uns um einen Tisch und unterhielten uns sofort angeregt, die beiden hatten in der Woche zuvor mit einem Großmeister aus China üben dürfen, was für sie eine große Ehre und Herausforderung gewesen war. Solch ein Training gab es aber nur ein paar Mal im Jahr, schade, in den nächsten zwei Wochen stand nichts Ähnliches an.

Am Abend durfte ich dann an einer ersten buddhistischen Zeremonie im Shaolin-Tempel teilnehmen, das Beten in Gemeinschaft und in dieser meditativen Form kannte ich noch nicht.

Wir versammelten uns im sogenannten Buddha-Zimmer, einem relativ kleinen Raum, wenn man bedachte, wie viel Platz die mächtige Buddha-Figur davon einnahm. Doch es handelte sich um das größte zur Verfügung stehende Zimmer, denn wie ich erfuhr, wurde der größte Raum stets für Buddha reserviert.

Der Abt schlug mehrmals einen Gong an, und mit dem Verklingen des Tons kam die Aufforderung an uns: »Kóutóu«, Kotau gesprochen, »die Niederwerfungen«. Das hieß niederknien, sich vorbeugen, die Unterarme auf den Boden legen und die Hände zu Buddha hin zu öffnen, die Stirn berührte den Boden. Mehrfach wurde die Zeremonie wiederholt, am Ende dann zündete jeder ein Räucherstäbchen an und steckte dies mit einem stillen Gebet in die Schale, die sich vor der Buddha-Figur befand. Der Abt sprach noch einige Worte, dann verließen wir den Gebets- und Meditationsraum.

Erfüllt von den vielen Eindrücken und mit dem Wunsch, mehr über diesen Glauben und seine Zeremonien zu erfahren, lag ich später in meinem schmalen Bett und fiel trotz der Bilder und Gedanken in meinem Kopf sofort in einen tiefen Schlaf. Bei dem Programm, das mich am nächsten Tag erwartete, war das nur gut so.

Um 5.00 Uhr in der Frühe hörte ich den angenehmen Ton eines Gongs, und kurz darauf öffnete jemand meine Zimmertür einen Spalt breit und ein ebenso sanftes wie bestimmtes »Aufstehen« drang zu mir herein.

Ich hatte nur wenige Minuten fürs Waschen und Anziehen, dann begann auch schon das Trainingsprogramm mit einem ersten Warmlaufen, geführt vom Meister. Mit dabei waren Sompeth und Shi Xiao He. So früh hatte ich zu Hause noch nie gejoggt, aber im Sommer schien es durchaus reizvoll, in den beginnenden Tag hineinzulaufen. Nur hätte ich gern vorher etwas gefrühstückt, aber das war nicht vorgesehen.

Nach mehreren Kilometern lief Shaolin-Meister Shifu Shi Heng Cheng nicht zum Kloster zurück, sondern in einen nahegelegenen Park, wo das Kung-Fu-Training stattfand – ebenfalls auf leeren Magen. Immerhin war das Warmlaufen kein großes Ding für mich gewesen, da hatte ich Übung. Wenn das weitere Training ebenso ablief, dann würde das Ganze hier lächerlich einfach werden, dachte ich, doch da hatte ich mich zu früh aus dem Fenster gelehnt. Mit festem Schritt nach vorn und dann mit dem linken Fuß gegen die rechte erhobene Hand treten, und das Ganze umgekehrt und wiederholen, schnell, schneller, fester. Diese Übung kannte ich schon, doch bereits bei der nächsten waren mir gänzlich unbekannte Bewegungsabläufe gefordert, Formen die ich noch nie gesehen, geschweige denn geübt hatte, obwohl ich seit neun Jahren aktiv Kung-Fu betrieb. Ich hatte auch gar nicht gewusst, dass meine einzelnen Finger so beweglich waren. »Wiederhole – wiederhole – wiederhole – schneller – schneller – schneller …« Die Ansagen waren überschaubar und deutlich. Und es wurde keine Pause gemacht!

Nach zwei Stunden durchgängigem Üben durfte ich immerhin kurz innehalten, um einen Schluck Wasser zu trinken. Obwohl es gerade mal acht oder halb neun sein mochte, ich mich also immer noch am Anfang des Tages befand, war ich bereits ganz schön fertig. Und mit diesem Empfinden ging es sogleich weiter. Wiederholung reihte sich an Wiederholung, jetzt im Tiefstand, also mit gebeugten Knien, und meine Beine begannen zu zittern wie noch nie in meinem Leben. Zu Hause hätte ich längst abgebrochen oder zumindest eine ausgedehnte Verschnaufpause eingelegt. Aber hier wurde weitergemacht, und der Meister schlug mir abermals mit einem Stock auf die Oberbeine, tiefer gehen, hieß das. Mein Körper dampfte an diesem Sommermorgen wie sonst nur bei Eiseskälte im Winter.

Für langes Nachsinnen blieb jedoch keine Zeit, schon stieß mich der Meister hart mit dem Fuß an, also mit Zittern in den Beinen weitertrainiert. Aber herrje, ich spürte, wie meine Konzentration allmählich nachließ und sich Fehler einschlichen. Also noch mal und noch mal ... Endlich holte mich eine neue Übung aus dem tiefen Stand, und wenigstens den Beinen war etwas Erholung vergönnt.

Die anderen begannen mit Schwertern zu üben, ich bekam stattdessen einen Stock gereicht. Das aufrechte Stehen und die Entlastung der Beine taten gut, dennoch fiel mir selbst das leichte Drehen des Stocks ungeheuer schwer, jetzt zitterten die Hände, die in den vorangegangenen Übungen ebenfalls gut beansprucht worden waren. Bevor sich auch nur der kleinste Gedanke an Erholung festsetzen konnte, folgte erneut Übung auf Übung. Das war Kung-Fu knallhart.

Nach vier Stunden Training am Stück hatte ich es endlich geschafft. Vier Stunden, das entsprach der Zeit, die ich sonst über den Tag verteilt sportlich hinlegte. Und hier begann der Tag erst. Ich war fix und fertig. Die anderen gingen, ich schlurfte mehr zurück zum Tempel, wo Dusche und Frühstück auf uns warteten. Aber weit gefehlt, wenn man jetzt denkt, es hätte jemand ein Büfett für die fleißigen Jungs aufgebaut. Nein, nein, niemand hatte das Frühstück vorbereitet. Somit lernte ich gleich die nächste Lektion an diesem Tag: Für das Frühstück sind wir selbst zuständig! Lediglich die Meister sind von den Hausarbeiten befreit. – Da es Sonntag sei, würde kein Abendtraining in der Halle stattfinden, wurde mir nebenbei mitgeteilt. *Was für ein Glück*, dachte ich erleichtert. Die vergangenen Stunden waren sozusagen das Vorspiel zu dem, was mich morgen erwarten würde, also galt es, den restlichen Tag über Kräfte zu sammeln.

Der Gedanke an Erholung nach dem Frühstück schien jedoch reines Wunschdenken gewesen zu sein, zuerst mussten Putzarbeiten erledigt werden, dann gab es ausgiebig Theorieunterricht und schließlich noch eine buddhistische Zeremonie. Lediglich zum Mittag- und Abendessen war etwas Entspannung angesagt, sofern man das Kochen, Tischeindecken, -abräumen und Geschirrabwaschen nicht mitzählte. Aber solange ich mich bewegte, fühlte ich mich zwar schlapp, aber durchaus noch leistungsfähig. Erst am Abend, als der Körper zur Ruhe fand, setzten die ersten Schmerzen ein. Dabei war das doch erst der Auftakt, morgen würde es erst richtig losgehen, mit insgesamt acht Stunden Sport. Ich verbot mir, weiter darüber nachzudenken, und fiel todmüde ins Bett.

Der Gong, der am zweiten Morgen alles andere als angenehm klang, und die eher unsanfte Aufforderung, aufzustehen, holten mich aus einem tiefen Schlaf. Wie gern wäre ich liegengeblieben, doch die anderen waren schon so gut wie zum Abmarsch bereit, also raus aus den Federn!

Diesmal verschwendete ich keinerlei Gedanken daran, wie läppisch mir das Warmlaufen vorkam. Denn schon war der Park erreicht, und das Kung-Fu-Training begann.

Auweia, ich spürte deutlich die Stellen, die mir am Abend schon so wehgetan hatten. Doch jetzt kam der Schmerz um ein Vielfaches zurück. Nach den ersten zwei Stunden wusste ich nicht, wie ich das harte Programm überhaupt durchgehalten hatte. Nachdem ich einmal tief ein- und ausatmete und dann die Trinkflasche an den Mund ansetzte, dachte ich zum ersten Mal ans Aufgeben. *Wie schön es doch wäre, jetzt am Strand zu liegen und die Sonne zu genießen?* Aber, hey, das hier war mein größter Traum! Bevor sich weitere negative Gedanken in meinem Kopf festsetzen konnten, rief der Meister zum Weitermachen auf. Nochmals zwei Stunden, anschließend fühlte ich mich stehend K. o.

Der Weg zurück zum Tempel zog sich, meine Gedanken waren beim Frühstück. Obwohl ich einen riesen Appetit verspürte, musste ich mich zum Essen zwingen, denn mir war speiübel.

Die Putz- und Aufräumarbeiten sowie die buddhistischen Zeremonien verkürzten die Zeit, bis nach einem späten Mittagessen das Abendtraining folgte.

Im Gegensatz zum morgendlichen Üben draußen, bei dem wir, so weit in einem öffentlichen Park möglich, unter uns waren, ging es nun in die tempeleigene Kung-Fu-Schule in der Nähe.

Freundlich wurde ich von den Sportlern, von Frauen, Männern und Kindern aufgenommen; viel Zeit fürs Kennenlernen war allerdings nicht vorgesehen. In der Kung-Fu-Schule herrschte die gleiche Disziplin wie im Tempel.

Zum Einstieg machten wir Liegestütze in allen Variationen, mit zwei Händen, mit Klatschen in der Luft, mit einer Hand, wir feilten an Grundübungen, gingen in den tiefen Stand und übten immer neue einzelne Formen. Und jetzt gut aufgepasst und mitgemacht: linkes Bein schulterbreit zur Seite, Kopf nach links, beide Fäuste in die Hüfte, der Blick folgt der offenen Hand bis vor die Brust, dabei gleichzeitig das linke Bein anziehen. Blick wieder links. Dann ein hohes Bein vorne aufsetzen und den Körper tief, die rechte Faust schlägt gerade nach vorne. Jetzt mit dem rechten Bein einen Schnapper, gleichzeitig schlägt die Faust gerade.

Vom Schnapper den Übergang in den Reitersitz, den Mabu, *verdammt, wieder das tiefe Stehen*, und die rechte Faust schlägt nach rechts, der linke Arm blockt über dem Kopf mit offener Hand. Linkes Bein zum Knie hin anziehen, das rechte Bein nach links drehen. Die rechte Hand führt einen Handkantenschlag vom Ohr nach vorne, die linke Hand liegt als Faust in der Hüfte.

Linkes Bein hinter dem rechten Bein verkreuzen, dabei ist das Knie des linken Beins hinter der rechten Wade, runtergehen, aber das Knie darf nicht den Boden berühren; die linke Faust schlägt, die rechte Faust geht in die Hüfte. Uff. Meine Beine schmerzen, gerne würde ich mich mal aufrecht hinstellen. Was, ich habe einen Teil vergessen, war zu langsam? Okay, noch mal von vorne.

»Lerne, als könntest du es nie erreichen und als müsstest du fürchten, es wieder zu verlieren.«

Während die Kinder nach eineinhalb Stunden ihre Unterrichtszeit als Erste beenden konnten, hieß es für die Erwachsenen, unverdrossen weiterzumachen. Nachdem sich nach drei Stunden auch der letzte Freizeitsportler verabschiedet hatte, war Selbstverteidigung angesagt – aber um mich zu verteidigen, fehlte mir einfach die Kraft. Den Ausspruch des Meisterschülers, der mich unterrichtete, sollte ich nie mehr vergessen: »Wenn du dich nicht verteidigst, gebe ich dir einen Grund dazu.«

Ich aber fühlte mich viel zu schlapp, um mich von solchen »Drohungen« anspornen zu lassen. So steckte ich hier einen Tritt ein, bekam dort einen Schlag ab, aber immer ging es weiter und weiter. Mein Körper sagte »Aufhören«, mein Kopf sagte »Weitermachen«, was nach dem Training blieb, waren nichts als Schmerzen. Muskelkater an Stellen, wo selbst mir als trainiertem Sportler nicht bewusst war, dass es dort überhaupt Muskeln gab. Buchstäblich von den Haarspitzen bis zu den Fußnägeln verspürte ich ein Wummern, Ziehen und Stechen. Und wieder stellte sich mir die Frage: Was mach ich hier eigentlich? – Es waren genug der schmerzhaften Erfahrungen, am besten ich würde die Eltern bitten, mich abzuholen. Da fiel mir ein, dass ich mich längst hätte zu Hause melden sollen.

Papa stellte das Telefon auf Laut, als ich am zweiten Trainingstag endlich anrief. An Mamas Seufzern und Aufstöhnen merkte ich, wie sehr sie bei meinen Schilderungen mitlitt, doch ich hatte weder die Kraft noch die Lust, sie zu beschummeln und ihr zu sagen, dass es ein schöner Tag gewesen sei. Als es am anderen Ende sekundenlang ganz ruhig war, befürchtete ich, dass sie bereits zum Auto lief, um mich aus der »Folterkammer« zu befreien.

Aber dann hörte ich Mama sagen: »Du kannst jederzeit abbrechen, denk daran.« Papa blieb ruhiger und entdeckte sein Motivationstalent. »Leg dich erst einmal schlafen, morgen ist ein neuer Tag, und wenn du dann nicht mehr möchtest, dann kannst du immer noch aufhören.«

Zwei Wochen hatten meine Eltern für mich gebucht, sie mussten wirklich ein enormes Vertrauen in meine Leistungs- und Leidensfähigkeit haben. Die hohe Quote derer, die ihr »Kloster auf Zeit« abbrachen, war mir nun kein Rätsel mehr. Aber Papas Rat gefiel mir, ich wollte am liebsten nur noch schlafen und schlafen – wenn nur die Schmerzen nicht gewesen wären, die mich noch einige Zeit wachhielten.

Der unangenehme Gong und das unerbittliche »Aufstehen« rissen mich förmlich aus dem Schlaf. Aber an Aufstehen war nicht zu denken. Meine Glieder streikten. Im Grunde war dies erst der zweite richtige Trainingstag, wenn ich den Einstiegssonntag mit halbem Training mal nicht mitrechnete. Musste ich jetzt schon aufgeben? Nein, das würde ich nicht fertig bringen; zumal die anderen bereits auf mich warteten. Also mit schmerzenden Gliedern irgendwie raus aus dem Bett!

Und was soll ich sagen, dieser Tag wurde wie erwartet schlimmer als der Tag zuvor: noch heftigere Übungen, unerträgliche Schmerzen, im Kopf stritten sich die Stimmen für und gegen ein Abbrechen der Klosterzeit, ich ließ sie streiten, mischte mich erst mal nicht mehr ein, dafür hatte ich weder Kraft noch Konzentration übrig.

Die Bewegungen, die ich mit Beinen, Armen, Rumpf, Kopf und Fingern ausführte, hatten mit dem, was man im Freizeitsport unter Kung-Fu versteht, nicht mehr viel gemein. Und die vier Stunden Training dehnten sich zu einer gefühlten Ewigkeit, die Stunden bis zum nächsten Training wiederum waren derart mit Aufgaben vollgestopft, dass sie im Fluge vergingen.

Ohne eine Minute echter Erholung war es auch schon Zeit für das Abendtraining. Neben dem üblichen Warmmachen und nach vielen neuen Bewegungen stand als »Nachschlag« ein Abhärtungstraining auf dem Programm. Toller Nachschlag, wenn man sich windelweich trainiert fühlt. Das Abhärtungstraining diente dazu, den Körper zu »stählen«, ihn an Schmerzen beim Training zu gewöhnen – und damit bei einem realen Kampf nach einem Treffer nicht gleich die Gedanken ans Aufhören einsetzen. Gut, Schmerzen hatte ich, also beste Voraussetzungen. Doch zugleich schrie alles in mir Nein. Ein stummes Schreien. Ich machte wie fremdgesteuert weiter. Denn sich ausruhen, weil es wehtat, das kam beim Kung-Fu-Training nicht infrage. Stattdessen immer wieder Schläge und Tritte genau auf die Stellen, die sich sowieso schon geschunden anfühlten. Wann hörte das endlich auf? Jetzt kam mir jede einzelne Minute wie eine Ewigkeit vor.

Dann endlich die Erlösung. Mein völlig entkräfteter Körper verlangte sofort nach Nahrung, das letzte Essen lag mehr als fünf Stunden zurück, und mein Kalorienverbrauch schien enorm gestiegen zu sein. Der Magen schien das anders zu sehen, nach der Mahlzeit erbrach ich alles, was ich im Laufe des Tages zu mir genommen hatte.

Mama klapperte schon mit den Autoschlüsseln, als ich ihr und Papa vor dem Schlafengehen erzählte, wie heftig das alles war. Der »Motivator« hingegen sagte auch jetzt wieder: »Leg dich erst einmal schlafen, morgen ist ein neuer Tag, und wenn du dann nicht mehr möchtest, dann kannst du immer noch aufhören.« Sicher hatte er selbst den ganzen Abend gemütlich mit hochlegten Füßen auf dem Sofa verbracht. Wie gern hätte ich mit ihm getauscht.

Um 5.00 Uhr dann dieser widerliche Gong und danach das schneidende »Aufstehen!«. Aber ich biss die Zähne zusammen und stieg umständlich wie ein alter Mann aus dem Bett, weil meine Knochen nicht so richtig mitwollten.

Dass sich mein Körper durch das Abhärtungstraining an Schmerzen gewöhnt hätte, konnte ich spätestens während des »lockeren« Warmlaufens einwandfrei widerlegen. Ich fragte mich ernsthaft, wie ich das morgendliche Vier-Stunden-Training überstehen sollte. Wie die angebliche Erholungszeit mit den vielen Aufgaben und Pflichten?

Allein beim theoretischen Unterricht und den buddhistischen Zeremonien kam mein Körper ein wenig zur Ruhe. Doch nicht nur deshalb bereiteten mir diese Stunden richtige Freude. Ich erlebte das Meditieren so intensiv wie noch nie zuvor. – Und so ganz nebenbei fiel mir ein, dass heute mein dritter »echter« Trainingstag war. Wenn ich den noch durchhielt, dann würde ich der erste »Kloster-auf-Zeit«-Schüler seit eineinhalb Jahren sein, der das geschafft hatte. Dieser Gedanke motivierte mich enorm. Das Abendtraining musste ich unbedingt noch schaffen, egal wie. Allerdings wurden dies die längsten vier Stunden, die ich je, je, je erleben durfte. Ewigkeit war nichts dagegen.

Meine Eltern freuten sich über meinen Anruf und waren hellauf begeistert, was ich geleistet hatte. Sie meinten, dass es jetzt, mit dem Schaffen des dritten Tages, aber wirklich genug sei und ich nach Hause zurückkommen solle. Ein schöner Gedanke, aber ich hatte anderes im Sinn. Trotz aller Schmerzen gefiel es mir, dass ich hier an meine Grenzen geführt wurde und darüber hinaus. Ja, ich hatte diese drei Tage geschafft und selbst nicht damit gerechnet. Und diejenigen, die mich ausbildeten, absolvierten das gleiche Programm und noch mehr und hatten anscheinend keine Schmerzen mehr. Diesen Zustand wollte ich ebenfalls erreichen. »Und dann gefällt mir dieses einfache und geregelte Leben im Kloster auch gar nicht so schlecht. Zumindest vermisse ich nichts«, erklärte ich den überraschten Eltern. »Okay, zwischendurch ein Steak wäre nicht so schlecht.«

Jetzt redete Papa noch mal auf mich ein und lobte mich über den grünen Klee. Kurios, für meine Eltern galt ich bereits jetzt als großer Gewinner – ich selbst war mit meinem Durchhalten recht zufrieden. Aber ob mir das reichte? Nach jedem Training hatte der Abt Gespräche mit mir geführt, heute hatte er gesagt: »Julian, du hast deinen Körper besiegt, nun entscheidet sich, ob du bleibst oder zum Verlierer wirst.« Er schien sehr großen Wert darauf zu legen, dass ich weitermachte und länger blieb.

Dann kam wieder Mama ans Telefon und wünschte sich schon sehr, dass ich nach den erfolgreichen drei Tagen Schluss machen würde; Papa hingegen überließ die Entscheidung mir.

Ich überlegte angestrengt. Zwei Wochen Shaolin-Urlaub waren gebucht. Und war es nicht mein größter Wunsch, mit den Mönchen zu trainieren, um einmal ebenso gut zu werden. »Es reizt mich, herauszufinden, wie lange ich das Training noch durchhalten kann?«, hörte ich mich in den Hörer sagen. »Julian, aber du musst uns nichts beweisen …«, mischte sich Mama noch einmal ein. Sie verstand nicht.

»Ich will auch niemandem etwas beweisen. Ich will meine Grenzen besser kennenlernen«, sagte ich.

Schweigen, nein, schweres Atmen am anderen Ende der Leitung. Ich setzte noch einmal neu an. »Was haltet ihr davon? Nach dem Abendtraining werde ich mich erst mal hinlegen und eine Nacht drüber schlafen, dann sehe ich, was der neue Tag bringt, und wenn ich dann wirklich keine Lust oder keine Kraft mehr habe, kann ich immer noch jederzeit abbrechen.« Irgendwie kam mir diese Einstellung bekannt vor.

Später im Bett fühlte ich nicht nur die Schmerzen, sondern auch echte Freude, dass ich diese magischen drei Tage geschafft hatte, ja, ich hatte sie geschafft!

Mein Durchhaltevermögen und der damit verbundene Ehrgeiz wurden von der Tempelleitung wohlwollend zur Kenntnis genommen. Darum durfte ich für den Rest der noch vor mir liegenden Zeit oder zumindest für die Zeit, die ich noch hinter mich bringen würde, die hellgraue Novizentracht anlegen, eine Hose, die viel Bewegungsfreiheit lässt, ein Oberteil wie ein Kittel, der an der Seite gebunden wird, sowie die schwarzen Bänder zum Umwickeln der Gamaschen. Für mich ein ebenso schönes, wie sonderbares Gefühl, denn offiziell gehörte ich der Truppe schließlich nicht an, noch nicht. Ich gestehe, dass ich bereits zu diesem Zeitpunkt darüber nachdachte, wie es wäre, im Tempel zu leben. Die lockere und total entspannte Art der Tempelbewohner im Umgang miteinander gefiel mir. Nichts konnte sie aus der Ruhe bringen; es zählte nicht, was gestern gewesen war oder morgen vielleicht sein würde. Es galt nur das Hier und Jetzt. Und trotz aller bislang erfahrenen Schmerzen gab mir auch das Training viel, ich sah sogar jetzt schon ein Weiterkommen.

Was mir für eine derartige Zukunft am meisten am Herzen lag: die Entdeckung, wie sich Kampfkunst und Glauben zusammenfügten. Falls es so eine Verbindung überhaupt gab. Auf diesem Gebiet hatte ich noch viel zu lernen und zu erfahren, und dafür würde ein Leben im Kloster vortrefflich sein.

Ich verriet all diese Gedanken meinen Eltern noch nicht, denn was wusste ich schon, wie der Aufenthalt noch verlief und ob ich an einem der nächsten Tage nicht doch noch kapitulieren müsste.

Der Gong, der Weckruf, das Warmlaufen, vier Stunden Kung-Fu-Training im Park, duschen, Frühstück vorbereiten, gemeinsames Frühstücken, Küchendienst, buddhistische Zeremonie und Meditation, Stunden an theoretischem Unterricht, Putz- und Aufräumarbeiten, Mittagessen vorbereiten, gemeinsames Essen, Küchendienst, vier Stunden Kung-Fu-Training in der Halle, Abendessen vorbereiten, gemeinsames Essen, Küchendienst, buddhistische Zeremonie und Meditation, Nachtruhe – der Gong, der Weckruf … Tag für Tag der gleiche Ablauf, von 5.00 Uhr am Morgen bis 23.00 Uhr am Abend, und ohne Raum für persönliche Bedürfnisse, danach freute ich mich nur noch aufs Bett, dabei immer noch diese höllischen Schmerzen, immer wieder Zweifel, immer wieder dieser Wille, es schaffen zu wollen, mehr zu wollen, diese Schmerzen überwinden zu wollen, abwechselnd die mentale Kraft und die körperliche im Schwinden spüren, sie jeweils neu finden, stärker finden, mich verbessern, kräftiger und schneller werden, fließende Bewegungen, die so leicht aussehen, obwohl so viel Anstrengung dahintersteckt. Tag für Tag, Stunde für Stunde habe ich neu entschieden, dass es weitergeht. Und dann waren die beiden Wochen auf einmal vorbei, zwei Wochen, die mein Leben komplett verändert hatten, zwei Wochen, die meinen kindlichen Traum, Shaolin-Mönch werden zu wollen, der Wirklichkeit ein Stück näher gebracht hatten. Und dazu gehörte es, sich nicht nur vom Buddhismus faszinieren zu lassen, sondern zu erfahren, wie es sich damit lebt. Ganz anders als in all den Jahren zuvor, in denen es über ein Niederknien oder die Verbeugung mit den vor der Brust aneinandergelegten Handflächen nicht hinausging. Obwohl ich christlich getauft und wohl in diesem Sinne erzogen worden war, hatte ich nie einen persönlichen Bezug zur Religion gefunden. Besuche von Kirchen und Klöstern im Bergischen Land gehörten zwar oftmals zu einem sonntäglichen Familienausflug, jedoch ohne damit einen tieferen Anspruch zu verfolgen. Gebote zu befolgen, zumal wenn es nur zehn waren, müsste auch ohne regelmäßigen Kirchenbesuch zu schaffen sein, so meine jugendliche Einstellung dazu. – Jetzt war ich zutiefst beeindruckt von dieser neuen Religion, die mir so leicht verständlich und logisch vorkam. Denn Buddhas Lehre zielt auf die volle Entwicklung der innewohnenden Möglichkeiten von Körper und Geist. Dabei kennt der Buddhismus aber keine Dogmen, sondern erlaubt, alles infrage zu stellen. Diese Offenheit und Toleranz kamen meinen persönlichen Wünschen und Vorstellungen von einem guten Miteinander entgegen.

»Ich würde gern Novize werden«, hörte ich mich sagen.

Abt Shi Heng Zong lächelte wie immer. Oder lächelte er doch ein bisschen mehr, weil er sich über meinen Entschluss freute? Ich konnte es nicht einordnen. Er begann mit mir über meine sportlichen Fertigkeiten zu sprechen, was mir nicht schwerfiel, denn hier wusste ich genau, wo es noch hingehen sollte. Die vielen Fragen zu meiner geistigen Einstellung fand ich nicht so leicht zu beantworten, aber auch hier überzeugte ich den Abt und die anderen Klosterbewohner anscheinend, denn am Ende des Gesprächs ließ er durchblicken, dass man bereit wäre, mich als Novize im Shaolin-Tempel Kaiserslautern aufzunehmen. Ich musste also nur noch meine Eltern überzeugen.

Als sie kamen, um mich abzuholen, empfand ich mehr Aufregung als zu Beginn dieser außergewöhnlichen Reise. Wie sollte ich ihnen erklären, dass ich zu Hause ausziehen und im Kloster leben wollte? Für sie würde es ein Schock sein, da war ich mir sicher. Sie hatten mir den zweiwöchigen Aufenthalt im Kloster zum Hineinschnuppern geschenkt, aber doch nicht um anschließend hier einzuziehen.

Die Freude, mich wohlbehalten zu sehen, stand meinen Eltern deutlich ins Gesicht geschrieben, doch sie schauten auch irritiert auf die hellgraue Tracht, in der ich sie begrüßte.

Sie fragten mich viel, und ich antwortete, aber mir brannte es auf der Seele, ihnen endlich meine Gedanken mitzuteilen. »Ich möchte hier leben«, sagte ich in einem ersten stillen Moment.

Meine Eltern schauten mich zuerst völlig verwirrt an. Aber dann wurde ihnen klar, dass ich keinen Scherz gemacht hatte – und die Heimreise verzögerte sich erheblich.

Ein langes Gespräch mit dem Abt folgte, in dem er meinen Eltern dies mit auf den Weg gab: »Wenn Sie merken, dass es Julian glücklich macht, dann werden Sie ihn gehen lassen.«

Zwei Wochen Bedenkzeit, und zwar außerhalb von Klostermauern, hatte mir Abt Shi Heng Zong verordnet. Zwei Wochen, die mir blieben, um meine Eltern von der Richtigkeit meines Entschlusses zu überzeugen. Diese Zeit war angefüllt mit hitzigen Diskussionen, wobei sich die Sache für mich im Grunde schon entschieden hatte, ich wollte Shaolin-Mönch werden. Meine Eltern wünschten sich natürlich, dass ich erst einmal die Berufsausbildung abschloss und anschließend, wenn ich dann immer noch mochte, den Weg ins Kloster suchte. Aber sie spürten auch, wie ernst es mir war, und wollten meinen Wunsch respektieren, mir keine Steine in den Weg legen. Meine Eltern waren ob meiner Hartnäckigkeit ratlos, ihre Freunde und Bekannten, die sie ins Vertrauen zogen, schüttelten meist nur hilflos die Köpfe – wann kam es schon mal vor, dass der Sohn Mönch und dann auch noch Shaolin-Mönch werden wollte.

Ja, *Leben ist leiden*, das sagte schon Buddha, und davon blieben die Eltern nicht verschont. Es waren einige schlaflose Nächte, die ich ihnen bescherte.

»Wer nicht bereit ist, für seine Überzeugung Risiken einzugehen, bei dem taugen die Überzeugung oder der Mensch selbst nicht.« Diese Worte hatte uns der Abt mit auf den Weg gegeben. Und ich war bereit, das Risiko einzugehen, ich würde sogar einen sicheren Ausbildungsplatz für meine Träume opfern.

Ein klärendes Gespräch mit dem Chef meiner Ausbildungsstätte, Herrn Gottfried, war sehr hilfreich. Er ermöglichte es mir, den Ausbildungsplatz für drei Monate, so lange dauerte das Postulat, die Probezeit im Tempel, freizuhalten. Sein »Ich habe schon gemerkt, dass du anders tickst« klang keineswegs abwertend.

Mit dieser kleinen Sicherheit im Rücken gaben auch meine Eltern schließlich den Widerstand auf und erlaubten mir, mich als Novize im Shaolin-Tempel in Kaiserslautern auszuprobieren.

Ein T-Shirt, das ich bis zu dieser Zeit häufig getragen hatte, zeigte den Aufdruck: »Ich bin nicht auf der Welt, um so zu sein, wie andere mich gerne hätten.« Jetzt hatte es ausgedient.

Hatte mein zweiwöchiger Besuch des Klosters noch eine willkommene Abwechslung dargestellt, mit der Gewissheit, bald wieder in die heimatlichen Gefilde zurückzukehren, so geriet ich jetzt in ein Wechselbad der Gefühle. Die enorme Freude, meinen eigenen Weg gehen zu können, wechselte mit tiefer Wehmut, das Elternhaus zu verlassen.

Auch die Gedanken, meine Schwester und meine Freunde zurückzulassen, und alles, was so selbstverständlich zu meinem Leben gehört hatte, das heiß geliebte Moped etwa, machten mir den Abschied nicht gerade leicht.

Ein Abschied für eine längere, unbestimmte Zeit.

Ein neuer Weg, ein neues Leben

Im Kloster freute man sich aufrichtig, mich wiederzusehen. Da mir die grundsätzlichen Abläufe bekannt waren, im Grunde hatte ich als Klostergast auf Zeit bereits den Tagesablauf eines Novizen gelebt, benötigte ich keine große Einführung oder Eingewöhnungszeit.

Zwei Wochen »Tempelurlaub« hatten aber sicher nicht ausgereicht, um sich gegenseitig genauer kennenzulernen. So war das Postulat nun die endgültige Probe, während der ich meine Entscheidung überprüfen und dem Tempel jederzeit den Rücken kehren konnte. Ebenso hatte natürlich auch die Klostergemeinschaft die Möglichkeit, mich jederzeit zu »entlassen«, sollten sich meine Fähigkeiten und geistigen Einstellungen für das Klosterleben als nicht dauerhaft geeignet herausstellen.

Und dann war er wieder da, der angenehme Klang des Gongs und das sanfte, aber ebenso bestimmte »Aufstehen« – und Tag eins in meinem neuen alten Klosterleben begann mit einem lockeren Warmlaufen über mehrere Kilometer. Das anschließende Training wurde – na, was schon? – natürlich anstrengender als erwartet. Der kurze Heimaturlaub forderte seinen Tribut, und es schmerzte sofort wieder in allen Knochen. Nicht ganz so wie zu Beginn, hatte ich den Eindruck, doch es zeigte sich deutlich, dass die Übungen zu Hause nicht ausgereicht hatten, um das Shaolin-Level zu halten.

Anders als in den zwei Wochen »Kloster auf Zeit« forderte mich nun aber vor allem der theoretische Unterricht, den ich bis dahin als Entspannungsphase empfunden hatte. Doch jetzt musste ich den Unterricht mit großer Aufmerksamkeit verfolgen, wenn ich weiterkommen wollte, musste mich an den Gesprächen beteiligen, mir alle einzelnen Schritte und Handgriffe der verschiedenen Zeremonien genau einprägen und intensiv an allem teilnehmen.

Während ich als Klostergast das Gefühl hatte, dass die Bemühungen des Tempels, mich in ihren Reihen aufzunehmen groß waren, so wurde nun vor allem Wert darauf gelegt, mir die Schwierigkeiten des Mönchdaseins zu vermitteln. Und dazu gehörte auch das Schulungsprogramm. Nein, nein, wir verbrachten nicht den ganzen Tag damit, Ziegelsteine durchzuschlagen und zu meditieren, wie es sich manch ein Unwissender vorstellen könnte. Das gesamte Ausbildungsprogramm teilte sich in zwei Bereiche, den theoretischen Teil und den praktischen. Mir verschlug es kurz den Atem, als ich die Fachgebiete und Seminare aufgelistet sah.

Der theoretische Unterricht umfasste: Buddhismus, Taoismus, Konfuzianismus; allgemeine chinesische Philosophie; vergleichende Religionswissenschaften – Christentum, Islam, Hinduismus; Kampfkunsttheorie – Kung-Fu, Qigong, Tai-Chi; chinesische Geschichte, allgemeine Geschichte – insbesondere indische, buddhistische usw.; Sprachunterricht – Englisch und Chinesisch; chinesische Literatur und Kultur; asiatische, insbesondere chinesische Verhaltensnormen und -formen, Rituale und Zeremonien; Didaktik und Elementenlehre; Verwaltungslehre und Verwaltungsrecht; Naturwissenschaften – Physik, Chemie, Biologie usw. – im Hinblick auf die Beweisführung der buddhistischen Lehre; Traditionelle Chinesische Medizin; Schulmedizin, Sportmedizin; Meditationstheorie, Feng-Shui; Rechtsphilosophie – Vergleich von römischem, angelsächsischem und konfuzianischem Recht, buddhistisches Ordensrecht Vinaya, Shaolin-Recht; Verhaltenslehre für Mönche, Seelsorge und Sterbebegleitung.

Und als würde dieses Ausbildungsprogramm allein nicht für ein ganzes Leben reichen, gab es eben noch den praktischen Teil, der sich jedoch deutlich schneller aufzählen ließ – und der meinem leidenschaftlichen Interesse am Kampfsport sehr entgegenkam: Shaolin-Kung-Fu, Tai-Chi, Qigong und die Meditation; Traditionelle Chinesische Medizin.

Es versteht sich von selbst, dass nicht an jedem Tag alles unterrichtet werden konnte. Vor allem in den drei Stunden Theorieunterricht von jeweils 11.00 bis 14.00 Uhr gab es ausgewählte Themen, manche beanspruchten mehr Raum als andere, aber vieles wurde mehr oder weniger regelmäßig unterrichtet, vertieft und erweitert.

Die Nachtruhe ab 23.30 Uhr zählte für mich neben dem sportlichen Training zur schönsten Zeit des Tages, doch reichte sie gerade einmal dazu, die Torturen des nächsten Tages wieder überstehen zu können.

Obwohl ich die strikte Hierarchie, die vom Abt über die Meister hinunter zu den Novizen und Laienmönchen reichte, bereits kennengelernt hatte, war es doch etwas anderes, sich dem Gehorsam für eine unbestimmte Zeit unterwerfen zu müssen. Ich musste der Anordnung jedes Ranghöheren ohne Diskussion Folge leisten. Und dabei waren schon die buddhistischen Grundregeln, zu denen sich auch Novizen verpflichteten, umfangreich:

Niemals absichtlich ein unschuldiges Leben vernichten
Nicht Gegebenes nicht nehmen, also nicht stehlen
Keine sexuellen Handlungen und keine sexuellen Kontakte
Nicht lügen
Kein Alkohol, keine Drogen oder sonstige berauschende Mittel

Kein Schmuck und keine Kosmetik
Kein weltliches Vergnügen
Kein materieller Luxus
Kein Essen getrennt vom Orden
Kein Anhäufen von Besitz und Geld

Aber ich hatte mich für diesen Weg entschieden und würde versuchen mit jedem Tag besser mit der gesamten Situation umzugehen.

Unerwartet schnell gewöhnte ich mich an das frühe Aufstehen, kam bald auch besser damit zurecht, das Training ohne Frühstück zu beginnen. Ich als Fleischfan hatte erstaunlicherweise sogar das Gefühl, dass mir die rein vegetarische Ernährung gut bekam, wenngleich mich ein ständiges Hungergefühl begleitete. Etwa acht Stunden Sport am Tag sind mit Gemüse, Reis oder Nudeln nicht leicht zu stemmen. So konnte es durchaus passieren, dass ich nach dem Morgentraining schon mal neun Brötchen, belegt mit dicken Käsescheiben, verdrückte.

Alle Arbeiten, die zu Hause überwiegend von Mama verrichtet wurden, fielen nun, neben dem Ausbildungsprogramm versteht sich, in den Zuständigkeitsbereich der Ranguntersten. Ein Glück, dass ich nicht der einzige Novize war, der gesamte Haushalt – einkaufen, putzen, Wäsche waschen, Haus- und Gartenarbeiten, das konnte man kaum allein schaffen. Zumal sich meine Kenntnisse, etwa im Kochen, bislang auf das Zubereiten eines Toastes oder das Belegen einer Fertigpizza beschränkt hatten – und plötzlich wünschte man sich Kreativität von mir. Novize Shi Xiao He und Laienmönch Sompeth taten ihr Bestes, mich gut einzuführen und mir Tipps zu geben. Immerhin das Kochen machte mir bald schon richtig Freude und wurde tatsächlich auch zu einer Tätigkeit, bei der mein Geist sich erholen konnte. Zumindest, wenn ich es in buddhistischer Haltung tun konnte und beim Schneiden und Kleinschneiden von Möhren oder Kohlrabi oder beim Waschen von Reis in mein Tun versank. Das klappte aber nicht, wenn Sompeth oder Shi Xiao He an diesem Tag bei der Hausarbeit nicht helfen konnten, dann war der Küchendienst und der ganze Rest Hausarbeit Stress pur.

Beim Kung-Fu-Training bemerkte ich schon nach wenigen Wochen deutliche Verbesserungen. Ich sprang höher, konnte Bewegungsabläufe schneller, fließender ausführen, meine Kondition wuchs stetig. Vor allem seit Shi Yan Xiu, ein chinesischer Meister aus dem Kloster in Henan, angereist war und meine kämpferische Ausbildung überwiegend übernommen hatte. Mit ihm ging es sogar noch strenger zu, doch dafür durfte ich jeden Tag körperlich neue, wenn auch oft schmerzhafte Grenzerfahrungen machen – und kam anscheinend gerade dadurch weiter.

Bei allen Besonderheiten, die das Leben im Kloster mit sich brachte, war es vor allem ein Leben mit Gleichgesinnten, manche wurden sogar meine Freunde. Wir mussten nicht jeden Tag neu planen, hatten unsere Routinen, das verminderte die negativen Gedanken, was sein könnte, wenn … Dadurch eröffnete sich Raum in mir für das eigentliche große Ziel. Und hier hatten alle das gleiche Ziel, ein Leben im Geiste Buddhas. Es waren die folgenden Sätze, die, als ich sie zum ersten Mal hörte, Besitz von mir ergriffen:

> »Wir sind, was wir denken. Alles was wir sind, entsteht mit unseren Gedanken. Mit unseren Gedanken machen wir die Welt.«

Das kam mir verständlich und klar vor, es ergab einen Sinn. Und ja, ich wollte die Welt verändern und mitgestalten; zumindest in dem mir möglichen bescheidenen Rahmen.

Vielleicht hin zu etwas Besserem, ohne »Rustikale«, ohne Neid und ohne Hass.

Ich fühlte mich niemals einsam oder allein im Kloster, dennoch vermisste ich die vertrauten Stimmen meiner Freunde und besonders die meiner Schwester und meiner Eltern, obwohl wir telefonierten, manchmal sehnte ich mich danach, in den Arm genommen zu werden und einfach ein liebes, persönliches Wort zu hören.

Eine Sache im Kloster gab es, mit der ich mich auf Dauer schwertun würde. Waren die zwei Probewochen im Kloster noch kostenpflichtig gewesen, durfte ich nun kostenfrei leben – aber keineswegs umsonst. Und ich meine jetzt nicht einmal die vielen Haushaltsarbeiten, die ich leisten musste. Der für mich höhere Preis, der gefordert wurde, war die Selbstaufgabe, der weitgehende Verzicht auf freie Entscheidungen und der eingeforderte absolute Gehorsam, die totale Unterwerfung. Dass bei all den Vorschriften immer mal wieder Gedanken an zu Hause aufkamen, wo das Leben in dieser Hinsicht um einiges entspannter für mich ablief, weil es dort diskutierfreudig und mehr oder weniger demokratisch zuging, ist wohl gut zu verstehen. Aber deshalb von meinem Lebenstraum abrücken?

Drei Monate komplett vorstrukturierte Tage, immer gleiche Abläufe, aber ich hatte keinen Tag wie den anderen empfunden. Langeweile kam hier ganz sicher selbst nach Jahren noch nicht auf, dazu war der Ausbildungsinhalt, sowohl der praktische als auch der theoretische, einfach zu umfangreich, vielfältig und spannend. Es gab noch unendlich viel zu lernen.

Ja, die psychischen und physischen Belastungen waren enorm, und ehrlich gesagt um ein Vielfaches größer, als ich es mir je vorgestellt hatte. Dennoch beschloss ich, im Tempel zu bleiben. Ich kam doch gerade erst so richtig hier an.

Shi Xiao Feng, mein neuer Name

Im Mai 2007, zum Vessakfest, das zu Ehren des Geburtstags Buddhas gefeiert wird, fand meine Ordination statt. In dieser feierlichen Weihe mit geladenen Gästen, natürlich kamen auch meine Eltern und meine Schwester angereist, durfte ich mein Gelübde ablegen, mit dem ich mich Buddha und den buddhistischen Grundregeln verpflichtete.

Für meine Familie war es ein schwerer Moment, da sie das Gefühl hatten, dass ich mich durch diesen Schritt weiter von ihnen entfernte, als es in Kilometern auszudrücken wäre. Für mich aber herrschte die Freude über diesen Tag vor, denn mit der Ordination erhielt ich meinen buddhistischen Shaolin-Namen und würde endlich richtig zu der kleinen Ordensgemeinschaft gehören.

Das Fernsehteam von *Spiegel TV*, das mich bereits mehrere Tage begleitet hatte, filmte auch an diesem. Es war mein Wunsch, Shaolin-Mönch zu werden, und es sollten gern alle mitbekommen.

Als ich das Gelübde langsam und laut sprach, spürte ich eine tiefe Zuversicht in mir, dass dies der richtige Weg war.

Shi Xiao Feng, mein Shaolin-Name, klang noch fremd, aber er machte mich endgültig zu einem festen Mitglied dieser besonderen Gemeinschaft.

Im Tempel und der Kung-Fu-Schule riefen mich von nun an alle »Shami«, das bedeutet Novize und ging deutlich schneller über die Lippen als mein vollständiger Shaolin-Name.

Für meine Eltern und meine Schwester, die mich regelmäßig besuchen kamen, blieb ich natürlich Julian. Ich freute mich jedes Mal sehr, wenn sie nach Kaiserslautern kamen, das waren Stunden, Tage, die mir neue Kraft gaben, mich aufbauten. Und dann genoss ich es, einfach mal über Sachen meckern zu können, die mir nicht so in den Kram passten.

Das tat gut, auch wenn sich die Klosterregeln dadurch nicht veränderten.

Meine Mutter staunte jedes Mal mehr über meine Küchenfertigkeiten, inzwischen ließ ich mir eigene Kreationen bei den Nudel-, Reis- und Gemüsegerichten einfallen und mutierte allmählich zum Küchenchef des Klosters.

Bei einem Herbstspaziergang in einem Park erzählte ich Papa mal wieder über das Kung-Fu-Training. Er war bei diesen Gesprächen stets mit großem Interesse dabei. Doch als er auf einmal fragte: »Wann hat es denn nachgelassen?«, verstand ich erst gar nicht, worauf er hinauswollte. »Na, jetzt im normalen Klosteralltag geht es doch sicher nicht mehr ganz so streng zu wie anfangs, als die dich noch geprüft haben«, legte Papa nach.

Jetzt musste ich laut lachen. Schöne Gedanken, die er mit sich führte. Mal ein paar Wochen richtig reinklotzen und dann ab auf die Couch, so wie er es selbst gern mochte – ja, das wäre ein tolles Klosterleben. Doch den »normalen« Alltag, so wie er sich das vorstellt, den gab es hier nicht. War eine schwierige Übung geschafft, so folgte darauf die nächste und wieder die nächste, die einem noch mehr abverlangte und sich als noch schwieriger entpuppte. So sah der »normale« Alltag aus.

Als ich meinen chinesischen Meister beim Training einer Tiefstand-Übung, die ich mehrere dutzend Male wiederholt hatte, einmal fragte, ob wir etwas anderes üben könnten, kam seine Frage zurück: »Meinst du, dass du diese Übung schon meisterlich beherrschst?« Auf mein fragendes »Nein?« folgte lediglich sein Fingerzeig, der mich anwies weiterzumachen, bis er die Sache für gut befand.

Das erzählte ich Papa, der große Augen machte und nachdenklich nickte.

Der Fingerzeig oder das Winken mit der Hand, das war im Großen und Ganzen die übliche Form der Kommunikation mit den Novizen, hier wurden weniger Worte gemacht, und nicht nur Meister Shi Yan Xiu beherrschte das Sprechen mit den Händen gut. Ob beim Mittagessen, wenn Nachschlag gewünscht wurde, oder bei anderen Gelegenheiten, die Ranghöheren taten eine entsprechende Geste, und ich oder ein anderer Novize, inzwischen waren wir zu viert, setzten sich in Bewegung.

Mir verursachte dieser Zwang zum Gehorsam und zum Dienen enorm psychischen Druck. Ja, ich würde es durchaus als Zwang bezeichnen, denn nicht immer war jede Anordnung logisch nachvollziehbar. Shi Xiao He und Shi Xiao Shen ging es wohl nicht anders, aber jeder kämpfte mit sich allein. Im neuen Jahr starteten wir dann mit reduzierter Mannschaft, die beiden Mitstreiter verließen den Tempel auf eigenen Wunsch. Ich denke nicht, dass das gerne gesehen wurde und selten ohne größere Probleme verlief, aber das buddhistische Gelübde ist nun mal nicht auf die Ewigkeit angelegt und konnte zurückgenommen werden.

Mir fehlten die beiden gleichaltrigen vertrauten Menschen sehr, mit ihnen hatte ich mich austauschen können. Zudem lasteten die täglichen Arbeiten nun zur Hälfte auf meinen Schultern, zur anderen auf den Schultern von Sompeth, der als Laienmönch aber nicht ständig im Kloster lebte. Entsprechend viel musste ich arbeiten. Ich fühlte mich so manchen Tag mehr wie eine kämpfende Putzfrau denn wie ein Kampfmönch.

Kämpfen für Buddha

»Das Leben ist leidvoll« – heißt es in der Lehre Buddhas. Durch unsere Begierden und Leidenschaften, durch Gier,

Hass, Verblendung und Nichtwissen, weil wir uns und die Welt durch Konventionen und Illusionen verstellen, entsteht unser Leiden. Nur durch eine rechte Anschauung und Gesinnung, durch rechtes Reden, Denken und Handeln und Leben, rechtes Streben und Sichversenken können wir unsere ichbezogene Existenz aufheben und unsere Lebensillusion löschen. Erst im »Nirvana«, dem Heilsziel des Buddhismus, werden wir vom Kreislauf der Geburten – Wiedergeburten – erlöst und erreichen das einzige unwandelbare Dasein.

Die buddhistische Lehre faszinierte mich nach wie vor, ihre Umsetzung im Klosterleben forderte mich aber immer wieder heraus.

Sich in jeder Sekunde seines Lebens den strengen Ordensregeln und Anweisungen der Ranghöheren völlig unterwerfen zu müssen, weckte in mir immer größere Widerstände, die ich nur mithilfe des Sports besänftigen konnte. Es war also die ungemein hohe physische Belastung, die Freude machte und half, die ungleich höhere psychische Belastung überhaupt zu ertragen. Wie ein Ventil wirkte das anstrengende Kung-Fu-Training. Darum verschrieb ich mir neben den vorgeschriebenen Einheiten zusätzlich ein selbst gezimmertes Übungsprogramm – auch wenn die Zeit dafür äußerst knapp war. Ich hoffte, damit gleich zwei Probleme zu bewältigen: Zum einen versuchte ich damit dem Alltagsstress zu begegnen, zum anderen sollte es mich für die Kampfeinheiten stärken, die ich mit Meister Shi Yan Xiu absolvierte.

Shi Yan Xiu agierte nämlich sehr schnell und hatte eine enorme Kraft in seinen Beinen, was ich beim Kampftraining oftmals unangenehm zu spüren bekam. Die einzige Möglichkeit, diesen schmerzhaften Erfahrungen zu entgehen, hieß: besser werden.

So begann ich noch vor dem Kung-Fu-Training mit einem gesteigerten Laufpensum. Dadurch hatte ich beim

Start des Morgentrainings bereits die volle »Betriebstemperatur« erreicht.

Was dabei zu kurz kam, war eindeutig der Schlaf.

Ich versuchte daher, die Aufräum- und Putzarbeiten in kürzerer Zeit zu erledigen, um weitere Minuten, vielleicht sogar eine Stunde für den Sport zu gewinnen, aber der Kampf gegen Dreck und Staub kam mir wie ein Kampf gegen Windmühlen vor. Jetzt ärgerte ich mich nur noch mehr über die hierarchische Ordnung, da ich als Putzmönch für alle Krümel auf dem Boden und jedes Haar im Waschbecken zuständig war, während Meister und Abt aus meiner Perspektive zum Nichtstun auserkoren waren und ungeniert Dreck verursachen durften. Würde man nicht durch wenige Handgriffe aller das Putzpensum deutlich verringern können. Ich meinte, dass diese Argumentation auch meine Mutter früher immer mal wieder auf den Tisch gebracht hatte. Heute verstand ich ihr Anliegen besser.

Ich fragte mich, ob mir nicht die buddhistischen Lehren selbst über die schwachen Minuten des Zweifelns hinweghelfen konnten, und ich suchte nach stärkenden Einsichten. Die vielen buddhistischen Weisheiten, die im Kloster gern wie geflügelte Worte herumgereicht wurden, halfen mir dabei aber nicht. Also beobachtete ich mich und das Klosterleben noch genauer, doch als Ergebnis stellte sich nur noch mehr Unzufriedenheit ein, denn ich meinte, immer mehr Widersprüche zu entdecken. Widersprüche dahingehend, was der Buddhismus vorgab und wie es im täglichen Leben im Tempel umgesetzt wurde.

Für eine Einhaltung von Rangordnungen hatte ich durchaus Verständnis, denn diese spiegelten schließlich auch Lebenserfahrungen wider. Und klar, dass jeder nach seinen Fähigkeiten eingesetzt wurde. Aber konnte nicht zumindest jeder seinen eigenen Platz selbst sauber halten. Gab es wirklich gerade dann immer Wichtiges zu tun, wenn »niedere«

Arbeiten anstanden? Oder empfand man sich selbst als zu wichtig, um einfache Arbeiten ausführen zu können?

Ein eigenes Handy durfte man durchaus in das Kloster mitbringen; lediglich die Nutzung war untersagt. Dafür gab es tempeleigene Kommunikationssysteme, die sich sogar orten ließen. Nur wer Böses denkt, könnte annehmen, dass es sich dabei um eine Kontrollfunktion handelte. Selbstverständlich diente die ständige Überwachung nur der Fürsorgepflicht.

Das Kloster als Institut für Ernährungsberatung müsste allerdings passen, vor allem Süßigkeiten waren immer ausreichend vorhanden. Ich hasste diesen Zuckerkram richtig, doch er stand immer weit oben auf meiner Einkaufsliste. Gut, ich wurde nicht gezwungen, all das klebrige Zeug zu essen, dafür gab es schon einen Abnehmer. Und Obst und Gemüse, so wie ich es mochte, wurde zu meiner Freude ebenfalls reichlich eingekauft. Ich hätte aber zu gern auch ernährungstechnisch ein Vorbild gehabt.

Ich persönlich hielt den Buddhismus für eine ganz klare und einfache Religion. Für einen Lebensratgeber, der mit Empfehlungen aufwartete. Ich mochte es gar nicht, wenn daran so lange gedreht wurde, bis Lehrsätze ein Fehlverhalten rechtfertigten.

Derartige Gedanken – und ich war voll davon – konnte ich so mit niemandem im Kloster teilen oder gar diskutieren. In mir und mithilfe harter Arbeit hatte ich die Lösung zu suchen.

Ebenso wie ich blieb auch das Kamerateam am Ball und strahlte unter dem Titel *Kämpfen für Buddha* einen Bericht über meinen Werdegang aus. Aber kämpfte ich wirklich für Buddha, kämpfte ich für eine Religion? Oder kämpfte ich eher gegen mich selbst, um dieser Religion näherzukommen?

Von Konfuzius stammt der weise Spruch:

»Der Mensch hat dreierlei Wege, klug zu handeln; erstens durch Nachdenken, das ist der edelste. Zweitens durch Nachahmen, das ist der leichteste und drittens durch Erfahrung, das ist der bitterste.«

Mit dem Eintritt in den Shaolin-Tempel hatte ich mir in vielerlei Hinsicht den bittersten Weg auserkoren. Erfahrungen sammeln in Bezug auf neue, fremdartige Umgangsformen, aber auch Erfahrungen machen, wie sich dieses neue Miteinander anfühlte. Manches erschien mir einfach nur fremd und blieb mir unverständlich. Die psychische Belastung empfand ich als die größte Hürde, die es zu überwinden galt.

»Wenn der Wind des Wandels weht, bauen die einen Schutzmauern, die anderen Windmühlen«, sagte der Abt einmal zu mir, als ich ein Gespräch mit ihm gesucht hatte. – Möglichkeiten, die sich bieten, nutzen und für Veränderungen offen sein; andere Meinungen zählen lassen und sich nicht allem verschließen. Es fiel mir schwer, mich immer an diese Grundsätze zu halten, zumal ich diese Offenheit bei den anderen vermisste; es wurde nicht gern gesehen, wenn jemand etwas infrage stellte. Und ich brauchte Zeit zum Nachdenken und für ein kluges Handeln, aber meine Tage waren mit Aufgaben so angefüllt, dass manch ein Gedanke erst zu einem viel späteren Zeitpunkt weitergedacht werden konnte.

Es war ein steter Kampf gegen mich selbst, gegen die eignen negativen Gedanken, womöglich gegen das eigene Unvermögen. Jeden Tag aufs Neue dafür kämpfen, dass man niemals wirklich kämpfen muss. Das stellte sich weitaus schwieriger dar als die täglichen körperlichen Anstrengungen. Wenn dieser Kampf erfolgreich sein würde, dann wäre es im weitesten Sinne auch ein Kämpfen für Buddha.

Besucher im Shaolin-Tempel

Inzwischen lebte ich schon seit fast drei Jahren bei den Shaolin in Kaiserslautern und hatte viele andere Jungen und Männer kennengelernt, die wie ich den Weg hierher gefunden hatten, um beim »Kloster auf Zeit« einen Selbstversuch der besonderen Art zu starten.

Alle waren selbstverständlich in irgendeiner Weise sportlich aktiv. Kampfsportler waren gleichermaßen unter den Bewerbern wie auch Sportler aus anderen Bereichen, die einfach neue Erfahrungen machen wollten. Aber keiner äußerte so direkt wie ich den Wunsch, Shaolin-Mönch werden zu wollen. Und keiner von ihnen hielt die zwei Wochen durch, die meisten brachen schon am ersten oder spätestens am dritten Tag ab, keiner kam für ein Noviziat wieder.

Manche Neuankömmlinge, die sich vorstellten, beeindruckten mich wegen ihres Selbstbewusstseins. Es war erstaunlich, mit welcher Gelassenheit und dem Wissen um die eigenen hervorragenden Fähigkeiten sie auftraten. Bei den Gesprächen vorab gaben manche aber auch überschwänglich an, was sie schon alles geleistet hätten. Einige erzählten sogar von abenteuerlichen Trainingseinheiten mit Fremdenlegionären oder Fallschirmjägern. Ich fragte mich dann, ob sie uns damit Angst einflößen oder sich selbst eher Mut zusprechen wollten.

Viele schienen sich sehr sicher zu sein mit dem, was sie vorhatten, das kam mir so ganz anders vor, als es bei mir selbst der Fall gewesen war. Ich hatte zwar den Willen, vielleicht den Mut, die Sache in Angriff zu nehmen, doch tief in meinem Inneren steckte auch eine große Angst. Ob es die Furcht vor den Schmerzen war oder einfach die, zu versagen, ich weiß es nicht.

Jedenfalls hatte ich den Eindruck, dass die Klostergäste meist besser informiert und mit weitaus konkreteren Vorstellungen zum Tempel angereist kamen als ich damals. Vielleicht lag aber genau darin ihr Fehler. Das zu erwartende Programm schienen sie gedanklich sehr genau durchgespielt zu haben; allerdings nach ihren eigenen Vorstellungen. Dadurch scheiterten oftmals gerade die nach eigenen Angaben sehr guten Kampfsportler an ihrer hausgemachten Selbstüberschätzung. Zumal das Kampfkunst-Niveau der Novizen den Maßstab für die geforderten Leistungen bestimmte, so war es bei meinen Testwochen, und so wurde es jetzt gehandhabt.

Mir fiel auf, dass die im Vergleich sehr jungen Teilnehmer wie auch die älteren, die nicht unbedingt aus der Kampfsportecke kamen, mit einer erstaunlichen Leistungsbereitschaft aufwarteten. Mit einer guten geistigen Einstellung waren sie gewillt, die eigene Leistungsgrenze zu überwinden.

Doch bereits beim lockeren Warmlaufen über mehrere Kilometer wurden große Niveau-Unterschiede deutlich. Eine erste Einschätzung von »Spreu und Weizen« war während dieser Phase der sportlichen Betätigung bereits möglich. Das seinerzeit von mir als lasches Laufen eingestufte Aufwärmen brachte schon viele an ihre Grenzen; manche machten bereits dabei schlapp, wenige versuchten die Strecke bis zum Schluss laufend hinter sich zu bringen.

Und das wiederum wunderte mich, da es sich um Sportler handelte, die nach eigenen Aussagen meinten, mehr leisten zu können als andere. Sonst hätten sie doch auch nicht hierhergefunden.

Spätestens beim ersten Training im Park, nach dem Warmlaufen, war klar, welche im Vorhinein beschworenen Kräfte wirklich existierten und wer den Mund zu voll genommen hatte. Ein Spruch wie »Die zwei Wochen sitze ich auf einer Arschbacke ab« war dann nicht mehr zu hören.

Nach dem Laufen, den Dehnungsübungen und allen anderen Dingen, die dazugehörten, wurde es erst richtig haarig:

Beim Abhärtungs- bzw. Kampftraining sollte die Gewöhnung an Schmerzen erzielt werden, um das Weiterkämpfen auch nach einem schmerzhaften Treffer zu trainieren. Die hierbei ausgeführten Übungen mussten also deutlich spürbar sein. Selbstverständlich wurden sie in der Intensität geringer ausgeführt, als es in einem realistischen Kampf der Fall wäre.

Jetzt warf so mancher das Handtuch. Die teilweise konditionellen Schwächen waren die eine Sache; eine andere Quelle für die körperlichen Niederlagen war der mangelnde Wille, die Bereitschaft, wirklich alles zu geben und über sich selbst hinauszuwachsen. Auch ich erinnerte mich immer noch sehr gut daran, wie schmerzhaft dieses Training sein konnte, das ich jetzt selbst unterrichtete. Trotzdem hatte ich weiterkommen wollen. War das nicht der Sinn dieser Klosterzeit?

Warum zahlten Bewerber so viel Geld dafür, um nach einem Tag Training bereits aufzugeben? Ich verstand diese Haltung nicht. Natürlich fand ich es schade, wenn einer der Gäste, der bislang ganz gut mitgehalten hatte, sich nun aufgrund relativer Schmerzen doch dafür entschied, aufzugeben. Aber Mitleid verspürte ich deshalb nicht; es gab nun mal nur diese zwei Möglichkeiten: aufgeben oder sich überwinden und weitermachen. Man braucht Biss und Siegeswillen, den Wunsch, Neues zu erfahren, aufzunehmen und zu verarbeiten. Wie sagte es unser Lehrer Shi Heng Zuan so schön: »Aufgeben beginnt im Kopf.«

Es gab Besucher, die meinten, wir, die Tempelbewohner, müssten ihnen mit Respekt begegnen, weil sie es in ihren Bereichen bereits zu meisterlichen Titeln geschafft hatten. Doch unseren Respekt musste man sich verdienen, erarbeiten, jeden Tag aufs Neue; eben Kung-Fu.

Kein Wunder, dass es sich bei der hohen Fluktuation der »Kloster-auf-Zeit«-Gäste äußerst schwierig gestaltete, neue Novizen zu finden.

Heute war wieder so ein Tag, an dem ein Neuankömmling sein konditionelles Defizit mit seinen kämpferischen Fähigkeiten ausgleichen wollte. Und das ist im Grunde auch schon der falsche Ansatz, aber Lennart, ein 20-jähriger Sportstudent, schien sich sicher mit seinem Vorhaben. Dabei trudelte er beim Warmlaufen heute wie am Tag zuvor als Letzter im Park ein.

»Können wir nicht mal einen richtigen Kampf üben«, schlug er nach zwei Stunden Training im Park mit hochrotem Kopf und laut schnaufend vor. Derartige »Ablenkungsmanöver« von Besuchern hatte ich schon ein paar Mal erlebt. Auf diese Weise wollten sie wohl das sehr strenge Training unterbrechen und zugleich ihrem Wunsch, sich endlich zu profilieren, nachkommen. Konditionsmäßig unterlag Lennart den Anforderungen deutlich. Auch wenn das Leben im Kloster alles andere als ein Wunschkonzert ist, in diesem Fall passte Lennarts Bitte zum Trainingsprogramm.

»Gegen wen möchtest du denn kämpfen?«, fragte der Meister.

Ich spannte schon mal die Schultern, klar, dass sich Lennart dachte, lieber gegen den jüngsten Novizen, der noch lernt, als gegen den asiatischen Meister oder einen älteren Novizen. So lief das meist, aber die Gäste wussten ja nicht, dass ich kein angenehmer Sparringspartner war. Und zwar deshalb, weil ich nicht aufgab, nicht kniff. Den ängstlichen Jungen, der vor den »Rustikalen« Reißaus genommen hatte, den gab es nicht mehr.

Die Stärke, selbst bei harten Kämpfen dranzubleiben, hole ich aus der Art, wie ich diese sportlichen Auseinandersetzungen angehe. Ich bleibe stets hellwach, denn jeder meiner Fehler kann zu Konsequenzen führen. Also heißt es Fehler zu vermeiden, um dem Gegner keine Chance für Treffer zu bieten. Falls ich aber doch mal einen Schlag oder Tritt einstecken muss, fühle ich mich neu motiviert und trete meinem Gegner noch entschlossener gegenüber.

So ein Kampftraining ist natürlich nicht dazu gedacht, den Sparringspartner ernsthaft zu verletzen oder ihm in irgendeiner Weise Schaden zuzufügen, doch es geht schon zur Sache. Nicht diese angedeuteten Schläge, wie sie in dem einen oder anderen Sportverein ausgeführt werden, wir führten immer echte Kontaktkämpfe durch. Die Intensität, mit der ich dabei agiere, richtet sich im Wesentlichen danach, wie mein Partner den Kampf beginnt.

Doch Lennarts Wunsch blieb zunächst ungehört; den Trainingsablauf bestimmten die Meister und nicht die Besucher. Am Abend, beim Hallentraining, maulte Lennart wieder herum. Unzählige Liegestütze oder schwierige Bewegungsabläufe hatten nach seinem Verständnis wenig mit Kampfsport zu tun. Er wollte richtig kämpfen, aber die Meister bestanden weiterhin auf dem vorgesehenen Ablauf. Während einer kurzen Pause, ich verließ die Halle, um etwas frische Luft zu schnappen, stand Lennart plötzlich neben mir. Jetzt beschwerte er sich direkt bei mir, dass wir ihm nicht den nötigen Respekt zukommen ließen. Er wollte jetzt kämpfen. Jetzt, sofort, gegen mich. Ich konnte ihn nicht davon abbringen. »Okay«, sagte ich, »mach dich warm und sag Bescheid, wenn du so weit bist.«

Lennart hüpfte ein wenig auf der Stelle, dann fühlte er sich anscheinend kampfbereit.

»Du beginnst«, sagte ich, und er fing den Kampf übermütig und durchaus aggressiv an. Als wollte er mir zeigen, wer der Herr im Hause war. Einen Tritt, vielleicht zwei kassierte ich. Auf diese Weise fand ich auch gleich den richtigen Abstand zu ihm. Einmal trat ich zurück, traf ihn seitlich, und als er sich krümmte, machte er einen dieser Fehler. Die Hände, die zuvor seinen Kopf schützten, gingen nach unten, und so gelangte meine Faust direkt zu seinem ungeschützten

Kopf. Das war's, hatte nicht einmal eine Minute gedauert. Wer lernte hier wohl Respekt?

Wir gingen zurück zur Halle. Lennart hatte kein Interesse mehr an einem weiteren Training, beschwerte sich jedoch wegen übertriebener Härte. Ich bekam einen Rüffel, weil Kampftraining nicht angesetzt war.

Ich verbuchte es als einen erfolgreichen Kampf, denn ich hatte keinen Fehler gemacht, war ganz im Hier und Jetzt des Kampfes gewesen und hatte mich nicht von Emotionen leiten lassen. Wenn das so gelingt, dann ist ein Kampf wie eine hohe Form der Meditation.

Am Abend verkündete Lennart, dass er den Aufenthalt abbrechen würde und am nächsten Tag abreise, er habe sich das Training nicht so hart vorgestellt. Auf mein Nachfragen, ob er es sich nicht noch mal überlegen wolle, schüttelte er den Kopf.

Lennart war nur einer von vielen, die ich nicht wiedersah. Auch diejenigen, die sich ernsthaft der Sache stellten und immerhin drei Tage durchhielten, waren leider überwiegend nicht am dauerhaften Klosterleben interessiert, sondern kehrten ebenfalls in ihr »normales« Leben zurück.

Ich sehnte mich wahrlich nicht nach den immer neuen Gästen, die mir Zeit fürs eigene Training raubten. Aber ich bedauerte es jedes Mal, dass niemand blieb; gern hätte ich einen Gleichgesinnten zum Sprechen gehabt und natürlich noch jemanden, der bei den Arbeiten in Küche, Haus und Garten half.

Dabei gab es durchaus Besuche, die noch mehr meiner Zeit in Anspruch nahmen, auf die ich mich aber immens freute. Zum Beispiel, als Großmeister Shi De Cheng aus China anreiste, um sich unter anderem ein Bild von meinen Fortschritten zu machen.

Seine Gelassenheit dem Alltäglichen gegenüber, seine

Ruhe und Freundlichkeit sind ein Markenzeichen seiner Person. Nicht umsonst nennt man ihn »den immer lächelnden Mönch«. Seine Freude, auch an weltlichen Dingen, konnte ich bei dem Besuch eines Freizeitparks erleben; selbst die rasanteste Achterbahnfahrt genoss er in vollen Zügen. Mir selbst gab ein derartiges Unterhaltungsprogramm nichts, und lieber trainierte ich oder ging mit dem lächelnden Großmeister durch den Park, um in einer Unterhaltung das ein oder andere in Erfahrung zu bringen.

Aber das Lächeln ist die eine Sache, das Training die andere; und Großmeister Shi De Cheng ist ein ebenso freundlicher und hilfsbereiter wie strenger Lehrer, wovon ich mich mehrere Tage lang überzeugen konnte.

Und oh Wunder, ein neuer Anwärter für die Novizenausbildung reiste in dieser Zeit ebenfalls an, und gemeinsam mit meinem Meister Shi Yan Xiu und dem Laienmönch Sompeth standen wir auf dem Prüfstand. Der Neue war recht gut, und ich dachte, dass seine Chancen, aufgenommen zu werden, nicht schlecht standen. Lediglich beim Abhärtungstraining hielt er nicht ganz mit, aber trotz aller Schmerzen biss er die Zähne zusammen und gab nicht auf. Genau das war es, was gefordert wurde, an die Grenzen gehen oder sogar darüber hinaus. Ich wünschte mir sehr, dass der Neue blieb, vor allem seit Shi Xiao He und Shi Xiao Shen uns verlassen hatten. Warum hatten sie ihren Kummer damals wohl meist mit sich allein ausgemacht und eher selten darüber das Gespräch mit mir gesucht? Ich hätte mich gern ausführlicher mit ihnen ausgetauscht, wo mir selbst doch auch immer mal wieder Zweifel kamen, ob ich auf dem richtigen Weg war. Aber es hatte sicher die Zeit für intensivere freundschaftliche Gespräche gefehlt. Vielleicht würden ein neuer Novize und ich das besser hinbekommen.

Einige Male übernahm Shi De Cheng das Training und beobachtete meine Leistungen sehr genau. Natürlich war ich motiviert, das Beste zu geben, und hoffte, dass er zufrieden war, aber der Vorführeffekt ließ nicht auf sich warten. Das nasse Gras machte den ordentlichen Abschluss eines Saltos zunichte, und ich landete unsanft auf dem Allerwertesten. Doch das verständnisvolle Lächeln im Gesicht von Großmeister Shi De Cheng verschwand dadurch nicht. Sein Rat: »Üben, üben, jeden Tag.«

Am darauffolgenden Morgen durfte ich Shi De Cheng eine besondere Fertigkeit zeigen, die mir ein Meister, ein Freund des Großmeisters, der schon oft Seminare bei uns im Tempel gegeben hatte, beigebracht hatte: die »fliegende Nadel«. Ein halbes Jahr mit täglichem Training hatte ich dafür benötigt, eine handelsübliche Nadel auf eine ebenso handelsübliche Glasscheibe zu werfen und diese glatt zu durchbohren. Wirklich wichtig ist diese Fertigkeit für den täglichen Gebrauch nicht, doch sie gehört zur Arbeit beim Shaolin-Qigong, dem meditativen Bewegungstraining zur Stärkung der Lebensenergie, des Qi, und lehrt, den Fokus auf ein Ziel zu setzen. Ich hatte in einer Zeitschrift gelesen, dass es weltweit nur fünf Meister gibt, die diese Fähigkeit beherrschen. Da ich noch kein Meister war und es dennoch schaffte, durfte ich schon ein wenig stolz auf mich sein.

Und auch der Großmeister äußerte sich zu meinen Leistungen durchweg positiv, was mich anspornte, fleißig weiterzumachen. Also üben, üben, üben …

Ich bedauerte es, als sich der Besuch des Großmeisters seinem Ende näherte, doch Shi De Cheng musste zurück nach China, wo er selbst eine Kung-Fu-Schule betreibt. Mit »großem Geleit« machten wir uns am Abreisetag auf zum Flughafen, wo er bei der Verabschiedung noch ein ganz besonderes Bonbon für jeden von uns auspackte: Er lud uns ein, ihn in China zu besuchen.

Flucht in den Wald

Bereits seit längerer Zeit hatte sich die Klosterleitung um neue Räumlichkeiten in der Pfalz bemüht. Der wenig repräsentative Altbau des Shaolin-Tempel in Kaiserslautern an einer Hauptstraße hatte vor allem zu wenig Platz geboten, um die vielen Besuchswünsche erfüllen zu können. Im Sommer 2009 fuhren wir nun mit einem großen Umzugswagen in das acht Kilometer entfernte, deutlich kleinere und beschaulichere Städtchen Otterberg.

Ohne eigenen Besitz muss ein Umzug ein Kinderspiel sein, könnte man denken. Aber, weit gefehlt. Natürlich hatten wir selbst alles eingepackt. Aber zum Glück halfen die vielen Kung-Fu-Schüler tatkräftig, denn es hatte sich mit den Jahren doch so einiges in den Tempelräumen angesammelt, sodass mehrere Fahrten erforderlich waren. Da sich noch immer kein neuer Novize gefunden hatte, waren Sompeth – der seit einiger Zeit auch einen Shaolin-Namen trug und Shi Heng Zuan genannt wurde – und ich weiterhin allein für die »niederen« Arbeiten im Kloster zuständig.

Aus der Stadt raus ins Grüne, aufs Land, schon die Fahrt versprach deutliche Veränderungen. Und dann stoppte der Wagen vor einem Haus in idyllischer Landschaft, von herrlichen grünen Wiesen umgeben und mit einem Wald in fußläufiger Nähe. Auf das erste Warmlaufen am Morgen und ruhiges Training an der frischen Luft – ohne störende Zuschauer wie in Kaiserslautern im Park – freute ich mich riesig. Klar, hier erwartete uns kein Tempel im klassisch chinesischen Stil, aber von solchen falschen Vorstellungen war ich schon lange befreit. Hier in der Pfalz, das konnte bestes Klosterfeeling werden.

Selbstverständlich wurde das größte Zimmer im neuen Zuhause ebenfalls wieder Buddha gewidmet. Im Gegensatz zum alten Tempel war jetzt deutlich mehr Raum für Zeremonien vorhanden. Darüber hinaus standen auch mehr Gästezimmer zur Verfügung, selbst für weibliche Bewerber oder Besucherinnen bestand nun die Möglichkeit, im Tempel zu übernachten. Mein Zimmer lag unter dem Dach, ein karger Raum ohne Heizung, was der Abhärtung dienlich sein würde. Die Ausstattung des Zimmers war auf das Notwendige beschränkt: eine Matratze auf dem Boden, ein Schrank, ein Tisch, sonst nichts. Aber die Chancen, hier bei geöffnetem Fenster vernünftig schlafen zu können, mussten erheblich größer sein als in Kaiserslautern, wo der rege Autoverkehr oft bis spät in die Nacht hinein für Lärm gesorgt hatte.

Erstaunlich schnell zog der Alltag mit Training und Besuchern in die neue Herberge ein. Aber nicht mehr alle Gäste des neuen Shaolin-Tempels Deutschland in Otterberg wollten hier ihre Grenzen austesten, jetzt kamen auch immer mehr, die einfach nur ihrem Alltagsstress zu entfliehen versuchten und Ruhe finden wollten. Dass nun erheblich mehr Gäste in dem großen Haus untergebracht werden konnten, bedeutete für mich alles andere als Ruhe, weil ich bei guter Belegung mit allen Gästen zu tun hatte und für deren allgemeines Wohlergehen und die Arbeiten im Haus zuständig war. Wie bisher galt ich, der Novize, auch in Otterberg als Ansprechpartner in allen alltäglichen Dingen. Mein eigenes Trainingsprogramm kam da für meinen Geschmack völlig zu kurz. Deshalb ging ich vor dem morgendlichen Laufen oder nach dem Abendtraining zum Üben allein noch mal hinaus, die beste Art, wenigstens einmal am Tag so richtig abzuschalten. Die Stille im nahegelegenen Wald war für mich somit der größte Vorteil, den der Umzug aufs Land mit sich gebracht hatte. Die einen flüchteten sich vor dem Alltagsstress ins Kloster, ich vor dem Klosterstress in den Wald.

Im Herbst kam Großmeister Shi Yan Lin, ein guter Freund des Klosters, erstmals nach Otterberg, um hier ein Seminar zu geben. Zahlreiche Interessenten wollten sich die Möglichkeit, von so einem Kenner und Könner der Kampfkünste zu lernen, nicht entgehen lassen. Vom Morgen bis hinein in die frühen Abendstunden wurde an zwei Tagen von allen Teilnehmern, etwa 30 Personen gemischten Alters, das Letzte gefordert. Und alle waren bereit, ihr Bestes zu geben. Großmeister Shi Yan Lin ist ein strenger Lehrer und nur schwer zufriedenzustellen. Doch nach Beendigung des Seminars hatten dafür alle einen großen Schritt nach vorne gemacht.

Dass mir Shi Yan Lin zudem ein Einzeltraining gewährte, bedeutete eine große Ehre für mich. Recht schnell erkannte ich dabei, wie weit mir der Großmeister voraus war und dass ich noch viel zu lernen hatte. Zumindest seine Prognosen auf meine Leistungen bezogen waren aber durchweg positiv, wenngleich kein Wort des Lobes zu viel über seine Lippen kam. »Du musst üben, üben, üben«, sagte er einige Male. – *Üben, üben, üben*, dachte ich, *seit Jahren mache ich nichts anderes. Doch wo stehe ich eigentlich mit meinem Üben?*

Im Kloster war es nicht üblich, dass die Leistungen zu vorweg genannten Prüfungsterminen hin kontrolliert wurden. In den Alltag eingebunden, befand man sich quasi in einer Art von steter Prüfung, von der man selbst keine Ahnung hatte. Prüfungstermine, die man bestehen oder auch nicht bestehen konnte, entsprachen nicht dem buddhistischen Vorgehen. Und so blieb die Harmonie innerhalb der Gemeinschaft erhalten, denn niemand musste einem anderen mitteilen, dass er eine Prüfung nicht geschafft hatte. Positive Nachrichten über das Weiterkommen wurden aber sehr gern überbracht.

Und so bekam ich völlig unerwartet an einem Abend in einer extra angesetzten Zeremonie durch Großmeister Shi Yan Lin eine neue Schärpe überreicht. Sie war rot, genau wie die vorherige, jedoch mit einem goldenen Balken versehen. Somit hatte ich eine höhere Rangstufe erreicht. Ich freute mich, gerade jetzt, wo ich mich selbst nicht mehr hatte einstufen können, diese besondere Rückmeldung bekommen zu haben. Und für eine kurze Zeit gab mir die Anerkennung Aufschwung und verdrängte jegliche leise Zweifel.

Wohin geht die Reise?

Dass mein Weg ein besonderer war, das spiegelten mir die Medien. Nicht nur das Fernsehteam verfolgte meinen Werdegang weiter, auch Tageszeitungen, in Solingen und in der Pfalz, hatten immer mal wieder über meinen Wunsch, Shaolin-Mönch zu werden, und meinen Schritt ins Kloster berichtet. Für mich stellten die Interviews mit Journalisten willkommene Gespräche dar, um anderen etwas vom faszinierenden Shaolin-Kung-Fu und dem Chan-Buddhismus, den die Shaolin praktizieren, zu vermitteln.

So freute ich mich auch, dass ich gemeinsam mit Abt Shi Heng Zong und meiner Mutter zur Sendung von Markus Lanz eingeladen worden war. Und die Fragen des TV-Manns konnte ich durchweg ehrlich und offen beantworten. Wie es sich für einen gehört, der an das glaubt, was er macht. Allerdings muss ich gestehen, dass sich zu diesem Zeitpunkt unterschwellig Zweifel in mir verdichteten, ob ich für immer in diesem Klosterverbund leben könnte. Es waren aber noch nur die zweifelnden Gedanken, keine andere Perspektive tat sich in mir auf, es drängte mich nicht, etwas an meiner Situation zu ändern. Darum auf eine Nachfrage von Markus Lanz meine Aussage, dass ich »zunächst« noch im Kloster bleiben möchte.

Mit Fortschreiten des Jahres 2009 schweiften meine Gedanken vom Klosterleben immer öfter ab. Die Zeiten, die ich am frühen Morgen oder am späten Abend gern allein in den umliegenden Wäldern verbrachte, nahmen zu. Ich brauchte diese »Auszeiten«, um für mich den neuen Gedanken nachgehen zu können. Es waren schließlich nicht nur Jahre vergangen, die ich im Shaolin-Tempel verbracht hatte, es waren Jahre, in denen sich mit meinem Älterwerden auch meine Einstellung zu manchen Dingen verändert hatte. Womöglich ein ganz normaler Reifungsprozess? Hatte bislang das Gefühl überwogen, Teil eines Prozesses zu sein, der stete Wandlung und Weiterentwicklung mit sich brachte, so konnte ich mich inzwischen dem Eindruck nicht mehr verwehren, auf der Stelle zu treten.

Mein geistiger Zustand fühlte sich ähnlich an wie damals, als ich aus meiner gewohnten Welt aufbrechen wollte, um die Welt der Shaolin kennenzulernen. Ein Gefühl, als säße ich im letzten Waggon eines langen Zuges und hätte die Lautsprecherdurchsage, dass dieser letzte Wagen abgehängt wird, nicht mitbekommen. Zufriedenheit sah anders aus. – *Wohin geht die Reise? Und warum fragt mich niemand, ob ich mit möchte?* Diese Fragen allein änderten aber noch nichts an meinem Leben.

Mein Versuch der Stressbewältigung durch noch mehr Sport hatte insofern Früchte getragen, dass ich Meister Shi Yan Xiu nun einiges im Kampftraining entgegensetzen konnte. Von einer Einheit von körperlicher und geistiger Verfassung konnte aber keine Rede sein. Für meine körperliche Entwicklung tat man im Tempel alles, so kam es mir vor, aber für mein geistiges Wachsen brauchte ich Gespräche, ich musste meine Unzufriedenheit äußern können, Kritik üben dürfen. Doch dafür schien kein Raum da zu sein, keine Bereitschaft, kein Entgegenkommen. Man sah doch deutlich, dass ich mich abrackerte und die Arbeit trotzdem nicht schaffen konnte. Aber der »Boss« zitierte nur die Klosterregeln. Dabei kannte ich die nur zu gut. Und ich war überhaupt nicht gegen Regeln, wenn sie für alle galten. Warum hörte mir der Abt nicht einmal zu oder sprach mit mir ehrlich über die Situation? Ihm konnte es nicht entgangen sein, dass ich mich überfordert fühlte, dass ich die Anforderungen psychisch nicht aushielt, wenn ich auch körperlich immer kräftiger erschien. Und ich war doch nicht der erste Novize, dem es so erging.

Das Zusammenwirken von Chan-Buddhismus und der Kampfkunst, dem Shaolin-Kung-Fu, konnte ich schon erleben. Dass nur in einem gesunden Körper sich ein gesunder Geist entwickelt und somit zur Meditation ein körperlicher Ausgleich geschaffen werden muss, das ist nachvollziehbar. Aber wenn ein gesunder Geist ein zufriedener Geist sein soll, dann stimmte bei mir etwas ganz und gar nicht. Ohne Frage hatte ich sowohl im Kung-Fu als auch im Meditieren während der vergangenen vier Jahre mehr gelernt als in den neun Jahren, die ich mich zuvor mit dem Kampfsport befasst hatte. Aber noch immer hatte ich mehr Fragen als Antworten, und neue Erkenntnisse schien es für mich nicht zu geben.

Die Klarheit der buddhistischen Lehre, die ein friedliches Miteinander und Toleranz anderen und ihren Meinungen gegenüber anstrebt – auch anderen Religionen gegenüber, erschien mir immer noch einfach, gut verständlich und logisch. Aber im Klostermiteinander fanden diese buddhistischen Ideale für mich keine Entsprechung. Ich fühlte mich durch mein Gelübde geradezu eingeladen, kritisch infrage zu stellen, konnte aber Kritisches im Tempelverbund nicht äußern bzw. es wurde nicht gehört. Und was half es mir da, wenn die Ranghöheren mir nahelegten, mein Hinterfragen infrage zu stellen.

Vertrauen ist gut, Kontrolle ist besser – so nahm zumindest ich das wahre Miteinander im Kloster wahr, das schon eher einer strikten Überwachung glich. Die stete »Fürsorge«, wo man sich gerade befand und mit wem man sich über was unterhielt, passte für mich so gar nicht zu den buddhistischen Idealen und dem Verständnis von Respekt, das man mir gleichzeitig beibrachte. In mir entbrannte ein Sturm der Fragen: Konnte ich wirklich nur glauben, wenn ich mich anderen Menschen unterwarf und mich vom weltlichen Leben abschottete? Oder war es sinnvoller, sich mit dem guten Teil des Gelernten dem »ganz normalen« Leben zu stellen? Kann man das Sich-hingezogen-Fühlen zum anderen Geschlecht wirklich ignorieren, abstellen? Ist ein großes Maß an Zufriedenheit und innerer Gelassenheit wirklich nur im ewigen Zustand des mit sich selbst Befassens zu erreichen? Zumindest wäre die menschliche Lebensform längst nicht mehr vorhanden, wenn sich alle danach richten würden.

Buddhistische Weisheiten, waren sie auch noch so klug und hintergründig, halfen mir bei dieser Achterbahnfahrt der Gedanken nicht wirklich weiter, aber ich hatte nicht viel anderes zur Verfügung.

> »Wir sind, was wir denken. Alles was wir sind, entsteht mit unseren Gedanken. Mit unseren Gedanken machen wir die Welt.«

Jetzt erschien mir die Weisheit Buddhas in einem neuen Licht, das nicht mehr ganz so hell leuchtete wie beim Einzug ins Kloster.

Da sich jeder seine eigenen Gedanken macht, schafft sich jeder auch zwangsläufig seine eigene Welt – doch nicht jeder kommt darin zurecht. So konterten meine Gedanken der Weisheit.

Ein weiteres buddhistisches Sprichwort besagte:

> »Keine Regel soll als solche befolgt werden, nur um der Regel willen, sondern weil man dadurch das Gefühl hat, frei zu sein.«

Mit dem Befolgen einiger Regeln bekam ich mehr und mehr Schwierigkeiten, sodass eine befreiende Wirkung ausblieb und ich mich im Gegensatz dazu mehr und mehr unter Druck gesetzt fühlte.

Hatte ich zu Beginn meiner Klosterzeit noch das Gefühl, nicht allein und auch nicht einsam zu sein, obwohl wir trotz Gemeinschaft mehr oder weniger jeder für sich lebten, so kam es jetzt immer öfter vor, dass ich mich geradezu nach Kontakten außerhalb des Klosters sehnte, nach Gesprächen, einer fröhlichen Begegnung, einem lieben Lächeln, das mich als Person meinte. Vor allem zu Frauen fühlte ich mich jetzt immer stärker hingezogen, genoss ihr Interesse an meiner Person und meinem Tun. Und ich würde lügen, wenn ich sagen würde, dass mir ihre bewundernden Blicke, mit denen sie meinen durchtrainierten Körper bedachten, nicht gefielen.

Eines Tages lernte ich bei einem Supermarkteinkauf im Nachbarort Karen kennen, die dort als Aushilfe jobbte. Sie sprach mich auf meine Shaolin-Tracht an, und wir kamen ins Gespräch.

Immer öfter suchte ich den Laden auf, nur um sie zu sehen. Immerhin gab es genug Dinge, die im Klosterhaushalt benötigt wurden, sodass meine Einkaufszettel immer voll waren. »Können wir uns mal abends treffen«, hörte ich mich eines Tages fragen. Karen lächelte und nickte. Und ich überlegte fieberhaft, wie ich das anstellen konnte, ohne dass jemand etwas bemerkte. Mir war bewusst, dass ich nach den Klosterregeln etwas Unrechtes tat, wenn ich wertvolle Arbeitszeit nutzte, um eine Frau zu treffen. Aber mit Karen spürte ich mich wieder lebendig, die geistige Starre löste sich in diesen Momenten auf, und ich sah eine Zukunft. Jetzt erkannte ich, dass ich nicht ohne Frauen leben konnte und wollte. Ich wusste aber, dass ich als Shaolin-Mönch nicht mal mit einer Frau allein in einem Zimmer des Klosters sein durfte. Abgesehen von Beatrix, der Physiotherapeutin, die einmal wöchentlich die beanspruchte Muskulatur durchwalkte.

Da ich mich mit niemandem über diese weltlichen Dinge austauschen konnte, erzählte ich Beatrix während der Massagestunde vertraulich von meiner Eroberung. Es tat gut, mich jemandem anzuvertrauen, aber es war womöglich riskant.

Auch beim sonstigen Vertuschen meiner Ausflüge in die Welt da draußen gab ich mir bald immer weniger Mühe, fast so, als wollte ich entdeckt werden. Und tatsächlich, ich empfand es befreiend, als der Abt von wem auch immer von einem Treffen mit Karen erfahren hatte.

Jetzt musste das Katz-und-Maus-Spiel ein Ende finden. Jetzt musste ich mich entscheiden, musste handeln!

Ich fand zu der folgenden Einsicht: Wollte ich mir treu bleiben und meinen eingeschlagenen Weg dennoch konsequent fortsetzen, dann musste ich den Tempel verlassen.

Die Tatsache, dass ein buddhistisches Mönchsgelübde aufgelöst werden konnte, erwies sich in meiner Situation als sehr hilfreich. Trotzdem fiel es mir schwer, meinen Entschluss in die Tat umzusetzen, es war um einiges schwerer als der Einzug ins Kloster. Schließlich hatte ich im Shaolin-Kloster vier Jahre lang eine neue Heimat gefunden, vor allem ein sportliches Zuhause. Ich musste Menschen, die ähnlich dachten wie ich, liebenswerte Menschen, zurücklassen. Allen voran Sompeth, mit dem ich während dieser Zeit durch dick und dünn gegangen war. Auch mein deutscher Meister Shi Heng Cheng oder der chinesische Meister Shi Yan Xiu würden mir fehlen. Dazu etliche andere Kung-Fu-Schüler, mit denen ich abends in der Halle trainiert hatte.

Und von Karen musste ich mich verabschieden, selbst wenn wir noch hofften, irgendwie in Verbindung bleiben zu können. Ihr begegnet zu sein war ungeheuer wichtig, und das Zusammensein mit ihr hatte wahrlich eine Lawine losgetreten.

Aber es gab kein Zurück mehr für mich, zumal sich die Stimmung im Kloster durch die endgültige Offenlegung meiner Gedanken extrem anspannte. Zwar wurde nach Lösungen, eventuell auch Bestrafungen gesucht, die es mir anschließend ermöglichen würden, weiterhin im Kloster zu leben – von einer längeren Ausgangssperre war die Rede. Nein danke, ich wollte nicht mehr. Jetzt begann ich Forderungen zu stellen und zählte auf, was mir nicht in den Kram passte. Logisch, dass auf diese Weise keine Einigung erzielt wurde.

Wenn ein anderer der vorhandenen Meister die Leitung des Klosters übernommen hätte, dann wäre ich vielleicht geblieben und durchaus wieder auf den ursprünglichen Pfad der Tugend zurückgekehrt. Aber das würde nicht passieren. Und ich konnte meinen persönlichen Eindruck nicht mehr abschütteln, dass der »Boss«, dem ich mich unterzuordnen hatte, zwar viel über den Buddhismus wusste, ihn aber aus meiner Sicht nicht in allen Bereichen auch lebte. Und auf der anderen Seite stand ich, der den Buddhismus leben wollte, der dafür aber keinen Boden mehr sah. Ich brauchte ein Vorbild, das ich in dem Abt nicht mehr sah.

Im Grunde war mein Aufbegehren eine Rebellion gegen die bestehenden Klosterstrukturen. Doch den König von seinem Thron stoßen, das konnte ich nun mal nicht.

Ich musste an die Worte denken, die Abt Shi Heng Zong vor vier Jahren meinen Eltern mit auf den Weg gegeben hatte: »Wenn Sie merken, dass es ihn glücklich macht, dann werden Sie ihn gehen lassen.« Ich hoffte zumindest, dass sich der Abt und die Meister ebenfalls an diesen Spruch erinnerten und ebenfalls gut mit meiner Entscheidung umgingen, auch wenn sie sie nicht guthießen.

Was mich erstaunte war dann aber, dass mich Shi Heng Zong fragte, wie es sein könne, dass ich, der stets sehr wenig

Verständnis für jene gehabt hätte, die beim »Kloster-auf-Zeit«-Aufenthalt so rasch aufgegeben hatten, nun selbst aufgeben würde. Diese Frage offenbarte, wie wenig er mich in den vier Jahren kennengelernt hatte. Jetzt wollte ich nur noch das Kloster verlassen, aber an das Aufgeben, daran hatte ich zu keinem Zeitpunkt gedacht. Ich gab nicht auf. Ich wollte mein Leben auch in Zukunft zielgerichtet und so weit wie möglich in Einklang mit dem Buddhismus und für die Kampfkunst führen.

Weil der Abt meine während der Ausbildung im Tempel erworbenen Urkunden nicht so schnell auffinden konnte, reiste ich schließlich ohne ab. Und sie sind bis heute anscheinend nicht aufgetaucht, obwohl es für alle Urkunden eigentlich immer nur einen Ort im Haus gegeben hatte.

So schön sich solch bunt bedruckte Zettel auch ausmachen, meine Einstellung dazu war schon länger eine besondere, die sich mit dem Klosterleben noch erhärtet hatte. Deshalb empfand ich diesen Verlust nicht als sonderlich schmerzlich. Ich lernte dadurch wieder einmal, mich mehr darauf zu verlassen, was ich zu leisten in der Lage bin, statt auf blumige Worte, die auf einem Stück Papier festgehalten sind.

Countdown zu einem neuen Start

Jetzt galt es, dass ich meine Ziele neu definierte und nach Möglichkeiten suchte, den eingeschlagenen Weg auf neuen Routen fortzusetzen. – Eine Reise nach China konnte eine Möglichkeit sein, und da bekanntlich jeder Weg mit dem ersten Schritt beginnt, machte ich mich gleich daran, diesen Weg in Angriff zu nehmen. Und er führte mich zunächst einmal nach Hause zu meinen Eltern, die meine Pläne erstaunlich gefasst akzeptierten, aber sie waren ja schon einiges gewöhnt.

Endlich wieder Abende lang mit meiner Schwester quatschen, Freunde treffen, wie gut sich das anfühlte, hatte ich schon fast vergessen. Tim, mein Freund aus Kindertagen, der inzwischen als Maler sein Geld verdiente und eine feste Freundin hatte, fragte mich nach meinen Plänen. Dass ich ohne Shaolin-Mönch zu werden, weiter den Weg eines Shaolin gehen wollte, verursachte nicht nur bei ihm zuerst einmal Kopfschütteln. Manche meinten sogar, es sei unmöglich, was ich da vorhabe. Aber für mich gab es keinen anderen Weg. Ein Shaolin-Mönch muss nicht zwangsläufig der bessere Buddhist sein. Ein Chinese beherrscht doch auch nicht zwangsläufig die Kampfkunst besser als ein Europäer. Um mich mit dem buddhistischen Glauben zu befassen, muss ich nicht an Klostermauern gebunden sein. Mit Sicherheit wird mein neuer Weg nicht leichter sein, zumindest aber um einiges ehrlicher … und hoffentlich für mich zufriedenstellender.

Viel Zeit, um die wiedergewonnene Freiheit oder die Fürsorge der Eltern zu genießen, die sich natürlich riesig freuen, mich endlich wieder bei sich zu haben, blieb mir allerdings nicht. Zunächst galt es, sich mit den banalen Dingen des Alltags zu befassen, von denen ich im Kloster abgeschottet war. Eine Steuernummer musste ebenso her wie eine Krankenversicherung. All die Dinge, die für Gleichaltrige, die längst in einem »normalen« Berufsleben standen, selbstverständlich waren, kamen mir zunächst fremd und unwirklich vor. Nach und nach fand ich mich in das neue Leben jedoch ein, ohne das vorherige aufzugeben.

Da die Pläne, nach China zu reisen, am liebsten zu einem der großen Kung-Fu-Meister, noch nicht sehr konkret waren und Zeit in Anspruch nahmen, richtete ich mein Augenmerk auf das Training in meinem Heimatort, denn ich wollte weder Kondition noch Fertigkeiten verlieren.

Sportvereine gab es mehr als genug in der Stadt, aber das Niveau, das ich beim Training im Kloster genossen hatte, konnte ich hier anscheinend nicht erreichen. Und ohne anderen, gut ausgebildeten Sportlern zu nahe treten zu wollen, es gab auch keinen geeigneten Trainingspartner. Jedenfalls nicht für das, was mir vorschwebte. Schließlich wollte ich nach China, um dort noch mehr »zu kämpfen«, als ich es in Kaiserslautern oder Otterberg getan hatte. Dort würde ich mich mit Gleichgesinnten messen können und wenn möglich sogar deren Anerkennung gewinnen. In China wollte ich erfahren, wo ich leistungsmäßig stand. Außerdem ging ich davon aus, dass ich im Entstehungsland von Kung-Fu noch eine andere Sichtweise für den Chan-Buddhismus entdecken könnte.

Die erste Station auf dem Weg nach Fernost führte mich nach Berlin. Dort unterrichtete Großmeister Shi Yan Lin, von dem ich schon zu Klosterzeiten viel hatte lernen dürfen.

Dass er schon seit geraumer Zeit mit Frau und Kind zusammenlebte, bestätigte mir, dass es durchaus andere Wege gab, den Glauben und die Kampfkunst zu verbinden, und man dazu nicht zwangsläufig in einem Kloster leben musste. So vermutete ich auch, dass Shi Yan Lin, der einst selbst Mönch im Shaolin-Kloster war, sehr gut nachvollziehen konnte, was in mir vorging. – Ich war wegen dieser Erkenntnis sehr dankbar, bei ihm trainieren zu dürfen und dass er sich Zeit für mich nahm.

Der Großmeister beobachtete mich beim Training mit wachsamen Augen. Ihm entging kein Fehler. Zum Einstieg zeigte ich eine sogenannte Basisform. Was hatte ich in den vergangenen Jahren nicht alles an Formen aufgenommen. Die Tierstile wie Gottesanbeterin, Tiger, Drache, Schlange oder Kranich zum Beispiel hatte ich geübt wie ein Besessener und wiederholt und wiederholt. Immer unter den strengen Augen der Meister und Großmeister. Und jetzt verlangte der Vorführeffekt bei so einer einfachen Übung seinen Tribut.

Diese Basisform, eine waffenlose Koordinationsübung, die den Zweikampf simulierte, forderte mich heraus. Kraftvoll, hart und schnell legte ich los, wurde jedoch nach wenigen Augenblicken vom Großmeister gestoppt und korrigiert. Diese Form wird eigentlich »weich« vorgetragen, dafür aber noch schneller. Und, man sollte natürlich keinen der Bewegungsabläufe, die diese Form ausmachen, dabei vergessen. Eine ganz einfache Sache für Geübte: das rechte Bein gestreckt zurück, die rechte Hand liegt flach und geöffnet auf der Hüfte. Der Handrücken zeigt zum Boden. Das linke Bein ist vorne, gebeugt, der linke Arm geht nach vorne, die Fingerspitzen zeigen nach oben, die Handkante nach vorne.

Shi Yan Lin machte mir diese Form noch einmal vor, und das sah deutlich fließender, leichter und schneller aus. »Du brauchst noch viel Schwitzen und Tränen«, ermahnte er mich, und ich wusste sehr genau, was er meinte.

Auch Qigong-Übungen mit Bruchtests standen auf dem Programm. Beim Qigong wird mittels Atmung, Bewegung und Ernährung versucht, das Qi, die Energie, zu steuern. Shi Yan Lin nun wollte meine Schmerzunempfindlichkeit testen. Ich war ein wenig unsicher, weil ich mich die vergangenen Monate nur selten mit Bruchtest befasst hatte. Doch dann, was für eine Freude: keine Schmerzen, als mir der Großmeister den Stock auf meinem Bauch zertrümmert. Ein roter Streifen zeigte den wirkungsvollen Treffer, mehr nicht.

Im Großen und Ganzen war Shi Yan Lin mit meinen gezeigten Leistungen durchaus zufrieden. Ein Übermaß an Lob, selbst bei gutem Gelingen, würde es von Großmeister Shi Yan Lin jedoch nie geben. Kung-Fu ist nun einmal ein Weg, der nicht endet, also gibt es immer Möglichkeiten, in einer Sache besser und noch besser zu werden. Die hohen Anforderungen des Großmeisters sollten ein ebenso großer Ansporn für mich sein.

Dass mein Weiterkommen in China stattfinden sollte, davon schien der Großmeister nicht sonderlich erbaut zu sein. Sicher, auch von ihm hätte ich noch sehr viel lernen können, aber ich hoffte, dass mich der Chinabesuch in mehrfacher Hinsicht einen noch größeren Schritt nach vorn brachte. Und der buddhistische Alltag in China interessierte mich. Bei Shi Yan Lin wäre ich zu sehr eingebunden in den Ablauf einer überaus hervorragenden Kung-Fu-Schule, aber doch umgeben vom deutschen Alltag.

Zum Abschluss noch einmal richtig gefordert, verließ ich mit vielen guten Ratschlägen und Wünschen, aber selbstverständlich keinem Lob zu viel, die freundliche Stätte und machte mich wieder auf den Weg nach Hause, um die Reiseplanungen voranzutreiben, bis die letzten erforderlichen Unterlagen vorlagen und alles festgezurrt werden konnte.

Nach den vielen Jahren, die ich mich mit Kung-Fu befasst hatte, sollte es die erste Reise in das Land werden, mit dem ich mich bereits so lange verbunden fühlte. Frei, unbeschwert und unvoreingenommen wollte ich meine eigenen Erfahrungen in China sammeln.

Aber dann gut acht Stunden bis zum Abflug wuchs mit jeder Minute, die der Zeitpunkt näher rückte, die Anspannung. Mama, mit ihren steten Sorgen, und Papa, mit seinen guten Ratschlägen, nervten mich nur noch. Ich war schließlich erwachsen und nicht der Erste, der sich auf den Weg nach China machte. Natürlich wusste keiner von uns, was mich erwartete, aber wirklich Schlimmes würde schon nicht passieren.

Als es endlich, endlich losging, da wünschte ich mir plötzlich doch noch ein oder zwei Stunden Zeit, um in Ruhe Abschied nehmen zu können. Eine Verzögerungstaktik, die so aber nicht hinhaute, der Flieger wartete nicht auf mich. Also fuhren wir los.

Allerdings düste Papa mit mir allein zum Flughafen; Mama und Nadine, die am nächsten Tag zu einer Flugreise in einen Urlaub startete und den Vorabendcheck nutzen wollte, waren schon vorgefahren. Ich fand das zwar unnötig, wir hätten alle in einem Auto Platz gefunden, aber der große Rest der Familie sah das anders.

Und dann am Flughafen, die Boardingkarte bereits in Händen, erklärte sich die Ungereimtheit: Eine bunte Truppe aus Familienmitgliedern und Freunden, teilweise in asiatische Kleidung gehüllt und mit Perücken auf dem Kopf, verabschiedete mich. Mit Musik und Sekt für alle – und für mich Mineralwasser. Eine gelungene und wundervolle Überraschung. Und dann entdeckte ich auch Alissa, die eigentlich immer ein Lächeln auf den Lippen hatte, mit ihr war ich seit einer Party bei Freunden zusammen. Und der Abschied von allen fiel mir bei aller Vorfreude auf den unbekannten Kontinent nun doch sehr, sehr schwer.

III. Kung-Fu im Reich der Mitte

Wunsch und Wirklichkeit

Spätsommer 2010. Die Stadt Dengfeng – gesprochen *Dangfang*, auch »Kung-Fu City« genannt, sollte für das nächste Jahr meine neue Heimat werden. In der Schule vom renommierten Großmeister Shi De Cheng, der mich in Kaiserslautern zum Abschied nach China eingeladen hatte, durfte ich trainieren und leben. Ich stellte mir vor, dass ich überwiegend mit Chinesen zusammen sein könnte, denn ich wünschte mir zu den gleichen Bedingungen wie diese zu üben und mich mit ihnen in täglichen Kämpfen zu messen. Sehr gespannt war ich auf die buddhistische Lebensweise im chinesischen Alltag und ob ich selbst einen intensiveren Zugang zu der Religion finden würde. Nicht zuletzt wollte ich mehr kämpfen, also mehr Zeit fürs Training haben als in Kaiserslautern.

Der Langstreckenflug, bei dem ich am meisten befürchtete, mir nicht genug die Beine vertreten und überhaupt Bewegung finden zu können, lag noch erst vor mir. Zunächst gab es einen Zwischenstopp in Frankfurt, bei dem sich Mister Wei zu mir gesellte, der mir von *Spiegel TV* zur Seite gestellt wurde. Er galt als ein Kenner der Kung-Fu-Szene in China, sprach fließend Englisch und würde mir und natürlich dem Filmteam während der ersten zwei Wochen als Dolmetscher zur Verfügung stehen.

Wie froh war ich, dass er sich außerdem als überaus freundlicher, gebildeter und angenehmer Gesprächspartner herausstellte. In Form eines Crashkurses brachte mir Mister

Wei, Zeit im Flieger hatten wir schließlich genug, noch einige chinesische Vokabeln bei, damit ich bei meiner Ankunft in China nicht völlig sprachlos dastand. Insgeheim hoffte ich aber, in allen Belangen auch mit meinen recht guten Englischkenntnissen weiterzukommen.

Nach fast zehnstündigem Flug landeten wir in Peking, *Beijing*, und ich betrat erstmals chinesischen Boden. Um mich herum wuselten jetzt lauter Asiaten. Immer neue Durchsagen, mal auf Englisch, mal auf Chinesisch, dröhnten durch die Hallen. Die Müdigkeit, die mir in den Knochen steckte, ließ mich das alles aber nur gedämpft wahrnehmen. Ansonsten gab es nicht viel Exotisches, so ein Flughafen ist nun mal kein landestypischer Ort. Okay, mehr asiatische Restaurants und mehr Teehäuser als auf dem Frankfurter Flughafen gab es schon.

Meine Beine waren für jeden Schritt dankbar, mit dem sie nun in Bewegung kamen, und meine Gedanken schweiften ab. Wäre es nicht toll, wenn die Flieger für Fernreisen mit Fitnessstationen ausgestattet wären, das Wort Sportflieger bekäme dann eine ganz neue Bedeutung. Ein Tag ganz ohne Sport, das war nichts für mich.

Mister Wei holte mich zurück ins Jetzt und deutete auf eine Anzeigetafel. Ich war froh, dass er sich kümmerte und ich nicht selbst herausfinden musste, von wo der Anschlussflug nach Zhengzhou startete.

Zhengzhou, gesprochen *Dschongdschou*, ist die Hauptstadt der Provinz Henan, in der östlichen Mitte des Landes. Von meinem Vater, der Henan schon bereist hatte, wusste ich, dass es eine der bevölkerungsreichsten Provinzen der Volksrepublik China war, dass die meisten Menschen auf dem Land lebten, es viele Gebirge gab und den Gelben Fluss, den zweitgrößten Strom Chinas. Diese Touristenkenntnisse interessierten mich aber nur am Rande, ich erhoffte mir Insiderwissen.

Mister Wei dirigierte mich aus dem Flughafengebäude hinaus zu einem Parkplatz, wo ein Van, ein Minibus, bereitstand, um uns nach Dengfeng zu chauffieren. Erst, als außer mir und Herrn Wei noch drei weitere Gastschüler der berühmten Kung-Fu-Schule des Großmeisters Shi De Cheng ihre Sitzplätze eingenommen hatten, startete der Fahrer den Wagen.

Landschaftlich gab es auf der Fahrt nicht so viel zu bestaunen, zur einen Seite zogen Hügel an mir vorbei, zur anderen Ebenen mit Büschen und Bäumen, mal eine große Fabrikanlage und immer wieder wie bei uns ein Schilderwald mit Hinweisen. Beeindruckt war ich allerdings von der hervorragend ausgebauten Autobahn. Bei dem hohen Verkehrsaufkommen allein schon durch die Millionenstadt Zhengzhou – für chinesische Verhältnisse eine Kleinstadt – sicher auch ratsam. Aber warum konnten sich hier so viele Leute eine Limousine leisten? Davon waren fast mehr unterwegs als Kleinwagen.

Als mir vor Müdigkeit fast schon die Augen zufielen, ließ mich ein übergroßes Hinweisschild wieder wach werden. Die nächste Abfahrt führte zum Shaolin-Tempel, dem Ursprungsort des Shaolin-Kung-Fu. So nah an diesem sagenumwobenen Ort zu sein, den ich bisher nur von Bildern kannte, ließ meinen Puls schneller werden. Ich nahm mir vor, sobald wie möglich dorthin zu fahren.

Nach einer halben Stunde erreichten wir Dengfeng. Die Berge im Rücken der Stadt wirkten wie ein Schutzschild. Dann aber tauchten wir ein in eine moderne Stadtlandschaft mit Geschäftslokalen und großen Hotelbauten an breiten Straßen, wurden wieder ausgespuckt in einem anscheinend ärmeren Viertel mit Häusern, die mich eher an Garagen erinnerten, kleinen provisorischen Läden und Garküchen in engen Straßen, Marktständen und einem chaotischen Gewusel von Menschen und Fahrzeugen. Ich wunderte mich vor allem, dass hier Jung und Alt meist auf Mofas unterwegs war. Die von mir erwarteten Fahrräder waren eher die Ausnahme. Da musste ich wohl zu viele alte Filme gesehen haben.

Im Auto war die Luft trotz Klimaanlage stickig, aber als der Fahrer sein Fenster ein wenig herunterließ, fiel das Atmen eher noch schwerer. Doch weit unangenehmer als der vermutlich hineinströmende Smog war der laute Straßenlärm. Ein nicht enden wollendes Hupkonzert erfüllte jetzt auch das Wageninnere, man schien hier einfach immer zu hupen und nicht bloß dann, wenn es eine brenzlige Situation erforderte. Die Fahrzeuge hupten sich den Weg frei, Ampeln und Zebrastreifen schienen keine Bedeutung zu haben. Die Fußgänger, die sich durch den mörderischen Verkehr schlängelten oder mitten auf der Straße einen Plausch hielten, mussten jede Menge Schutzengel haben.

Der Fahrer stoppte an einer nicht ganz so stark befahrenen Straße, und als ich aus dem Wagen stieg, sah ich auch schon Großmeister Shi De Cheng, der uns zur Begrüßung entgegenkam. Meine große Freude des Wiedersehens wurde herzlich erwidert. Erstaunt schien der Großmeister lediglich darüber zu sein, dass ich in Jeans und Shirt auflief und keine Mönchskleidung trug, aber das ging im weiteren Begrüßungstrubel wieder unter. Und noch bevor wir unsere Zimmer gezeigt oder Essen angeboten bekamen, durften wir vier Neuankömmlinge sogleich beim anstehenden Nachmittagstraining mitmachen. Jetlag oder fehlendem Schlaf begegnete man hier mit »harter Arbeit«, nichts anderes hätte ich von einer guten Kung-Fu-Schule erwartet. Mister Wei gab mir noch seine Mobilnummer, so war er jederzeit für mich erreichbar, falls ich seine Hilfe benötigen würde.

Auf einem breiten Bürgersteig, also direkt an der Straße, gliederte ich mich in die Trainingsgruppe ein, die etwa 25 Schüler umfasste. Als Einzelkämpfer – im deutschen Shaolin-Kloster hatte ich eher in Kleingruppen oder zu zweit trainiert, die meiste Zeit sogar allein – fiel es mir zunächst nicht leicht, in dieses Großgruppen-Kung-Fu einzusteigen. Aber ich würde mich schon daran gewöhnen. Zumindest tat es meiner Freude an der Bewegung schon jetzt keinen Abbruch.

Vor und hinter mir trainierten Chinesen, aber rechts und links sah ich weit und breit kein asiatisches Gesicht. Die Schüler schienen nicht nur aus China, sondern aus allen möglichen Ländern zu kommen, ein buntes Gemisch an Nationalitäten. Doch für Enttäuschung war keine Zeit. Alle hielten sehr gut mit, das Level lag ganz schön hoch.

Schnell geduscht – die sanitären Räume entsprachen den Vorstellungen, aber nicht unbedingt dem westlichen Geschmack, doch das Wasser erfrischte –, danach ging es hungrig wie lange nicht mehr zum Abendessen. Ich mochte jetzt gar nicht an die Schauergeschichten von anderen Asienreisenden denken. Dass es hier anders schmecken würde als im heimischen Chinalokal, war klar. Umso überraschter war ich, wie schmackhaft das Essen war, das in Schalen und auf Platten auf den Tischen stand. Jeder konnte so viel von allem nehmen, wie es sein Appetit zuließ. Suppe, Reis, Nudeln, Gemüse, Frittiertes, Gebratenes, Eingelegtes und Soßen, eine bunte einladende Tafel. Nur kein Fleisch! Es sei denn unter einem der panierten Stücke hatte sich etwas versteckt.

Nach dem Klosterleben hatte ich mich bei Muttern schnell wieder an eine proteinreiche Ernährung gewöhnt, und meine Muskelmasse, die ich mir in den letzten Jahren antrainiert hatte, schien auch jetzt danach zu verlangen. Entsprechend langte ich bei dem wohl überwiegend vegetarischen Essen zu, um mich einigermaßen gestärkt zu fühlen.

Statt mich jedoch am Abend mit den anderen Schülern noch austauschen zu können, führte mich der Weg in ein Hotel, in dem mir Mister Wei kurzfristig ein Zimmer gebucht hatte, weil in der Schule des Großmeisters derzeit noch keins für mich frei war. Schade. Die vielen Eindrücke konnte ich allein in meinem Hotelzimmer kaum sortieren. Immerhin schrieb ich die Erlebnisse des Tages noch auf, um meinen unruhigen Geist wenigstens auf diese Weise ein wenig zu sammeln.

Vorteil der Hotelunterkunft war aber eindeutig, dass ich im Zimmer mal eben meinen Laptop auspacken konnte und auf diese Weise die ersten E-Mails mit meinen Eindrücken loswurde. Auch sonst versuchte ich, den Komfort des Hotels zu genießen. Schließlich könnte es für lange Zeit eins der letzten Male sein, dass ich ein sauberes Badezimmer ganz für mich allein und dazu ein bequemes Bett hatte.

Dann fiel mir wieder die große Gruppe an Mitschülern ein, bei Weitem nicht alle Chinesen, wie ich es mir gewünscht hätte. Die Trainingsgruppe hatte zu fast gleichen Teilen aus einheimischen und ausländischen Schülern bestanden. Der gute Ruf des Großmeisters eilte ihm nun mal voraus und lockte Interessenten aus aller Welt hierher. Von so einem Meister konnte ich in allen Bereichen lernen, deshalb wollte ich dieses vermeintliche »Manko« der Nationalitätenvielfalt um mich herum ohne Weiteres in Kauf nehmen.

Das übliche Warmlaufen am nächsten Tag, zu dem ich in aller Frühe überpünktlich vor dem Schulgebäude erschienen war, führte unseren Tross zumeist an stark befahrenen Straßen vorbei. Sehr gewöhnungsbedürftig, immerhin machte mir die abgashaltige Luft keine Beschwerden, hoffentlich blieb das auch so. Davor, einmal richtig tief einzuatmen, scheute ich mich allerdings.

1. Dies ist der Beginn meiner langen Reise. Ob mir der Spagat damals leichter fiel als heute?

2. Üben, üben, üben. Worte, die mich seit Jahren begleiten. Sicher gibt es dafür später eine Belohnung.

3. Pokale und Urkunden, sind das die Belohnungen? Zu sagen, ich hätte mich darüber nicht gefreut, wäre schlichtweg gelogen.

4. Schon etwas älter, doch mit dem Spagat weiterhin keine Probleme.

5. Nach neun Jahren Kung-Fu und anderen Kampfsportarten, wage ich den Schritt in ein neues Leben. Die Eltern schauen ganz irritiert, als sie mich zum Ende des »Klosterurlaubs« das erste Mal in der Novizentracht sehen.

6. Gebete sind nun ein fester Teil meines Tagesablaufs.

7. Diese neue Lehre bedeutet auch wieder: üben, üben, üben. Da ist es sehr hilfreich …

8. … einen guten Meister an seiner Seite zu haben

9. Landschaften, die mich sehr beeindruckt haben und wo Worte nur stören würden.

10. Bei aller Bewunderung für die herrliche Umgebung, sehe ich das Treppensteigen ganz realistisch als optimale Trainingseinheit an.

11. Training ist nicht alles; was könnte ich sonst noch so machen?

12. Am besten, ich kombiniere das Ganze. Ein wenig dehnen und dabei die Landschaft bewundern.

13. Jetzt nur keine Windböe, dann gibt es nasse Füße. Kommt mir schon hoch vor.

14. Das ist Mister Wei. Ohne ihn wäre ich verloren gewesen, in diesem fremden Land. Mit seiner ruhigen und freundlichen Art hat er mir stets weitergeholfen.

15. Mit seiner Hilfe finde ich auch den Weg zu Großmeister Shi De Cheng. Dieser hatte mich seinerzeit in Kaiserslautern besucht und mich nach China eingeladen. Nun bin ich da und er ist gerne bereit, mir alles sehr ausführlich zu erklären.

16. Abschied, ein Wort das bei mir einen besonderen Stellenwert hat. Abschied von der ersten Kung-Fu-Schule, Abschied von den Eltern, dem Tempel in Kaiserslautern und nun auch vom Großmeister. – Ich komme nach China und er reist nach Europa.

17. Wer auf dem Nachtmarkt in Dengfeng nicht satt wird, ist selbst schuld.

18. Der Meister am Wok beginnt mit Öl. Lecker ist es immer, doch (für mich) nicht immer gut verträglich. Das Ordnungsamt war auch dort und wie nicht anders zu erwarten: »alles einwandfrei und tiptop«.

19. Nur mit so hervorragenden Proteinträgern ist Leistungssport machbar.

20. Es muss auch nicht immer der Nachtmarkt sein, man kann auch so speisen.

21. Sieht abgefahren aus, ist aber leider überhaupt nichts für mich.

22. Schön ist mein Treffen in der Ferne mit meinem Meister Shi Yan Xiu, der im Kloster in Deutschland meine Kung-Fu-Ausbildung leitete. Er zeigt mir seine neue Wirkungsstätte, den Shaolin Tempel in Henan.

23. Eingebettet in eine wunderbare Landschaften, einfach sehenswert.

24. Gelegentlich sind sogar Momente der Ruhe zu finden.

25. Voller Frust über das Gefühl, stets erkältet zu sein, lasse ich mir nach Jahren den Kopf mal wieder wild zuwachsen.

26. Das Ergebnis war nicht zufriedenstellend. Die Kopfbedeckung zeigte keinen Erfolg und Tobi (links), sowie Meister Jia (Mitte), fragten sich, wer der Neue beim Training ist.

27. Die Idee, besser doch wieder mit normaler Frisur durchzustarten, hatte ich beim Versuch, Comics zu zeichnen.

28. Zunächst also ganz normal weiterüben, um nach fünfzehn Jahren Kung-Fu vom Großmeister einige gute Ratschläge und Urkunden zu erhalten.

29. Wieder einmal ist sie da, die Zeit des Abschieds. Immer ein blödes Gefühl. Nun geht´s von Dengfeng nach Beijing. Nicht, dass ein falscher Eindruck entsteht: ab Zhengzhou geht es mit dem Zug nach Beijing. Ich bin die Strecke nicht gelaufen, aber mein erster Weg führte zur Mauer.

30. Kaum richtig eingelebt in der Heimat, geht es wieder in die Ferne. Es ist ein sehr spontaner und kurzer Trip nach Thailand. Bei der Ankunft ist es sehr windig und ich kann mich nur mit Mühe festhalten.

31. Kreuz und quer reise ich durch das Land. In diesem Kloster werde ich schon aufgeregt erwartet. Die kleinen Mönche sind ganz wild darauf, von mir Kung-Fu zu lernen.

Bei den anschließenden Übungen in der schuleigenen Trainingshalle stellte mich Shi De Cheng bereits nach kurzer Zeit vor eine neue Aufgabe. Locker hatte er seine Fertigkeiten mit einem sogenannten »Dreigliederstab« vorgeführt, schon rief er mich zu sich, um die Übung ebenfalls auszuführen. Hielt man den Holzstab in der Mitte, hingen zu beiden Seiten gleichlange Stabteile hinunter. Ein Kampf damit war eine wacklige Angelegenheit, die Fingerspitzengefühl benötigte. Ich kannte diese »Waffe« bloß vom Sehen, hatte selbst damit noch nie geübt.

Autsch! Gleich beim ersten Versuch landete ein Stabteil geräuschvoll an meinem Hinterkopf. Aber schmerzhafte Erfahrungen gehören zum Kampfsport dazu, also übte ich weiter. Und auch wenn es immer noch nicht so, wie vom Großmeister demonstriert, aussah, waren nach einiger Zeit erste Fortschritte erkennbar.

Alles in allem verlief dieser neue Tag ganz nach meinem Geschmack. Ein leichter Muskelkater an den Stellen, die ich längere Zeit nicht mehr in dieser Form beansprucht hatte, vermittelte mir ein angenehmes Körpergefühl.

Am nächsten Tag nahm sich der Großmeister sogar ein wenig Extrazeit für mich, er erzählte und erklärte mir vieles, und ich trainierte besonders hart, sodass ich am Abend zufrieden in meinem Hotelbett lag. Ich spürte, dass ich den richtigen Weg ging, mit Großmeister Shi De Cheng hatte ich einen der besten Lehrer, die es im Shaolin-Kung-Fu gab.

Völlig unerwartet folgte am nächsten Tag die Hiobsbotschaft: Der Großmeister würde für mehr als drei Monate nach Europa reisen, um dort zu unterrichten. Ohne Shi De Cheng an meiner Seite zu haben und mit der großen Ausländerschar an der Schule, sah ich jedoch keinen Grund, weiter hier zu bleiben. Vor allem, weil es auch danach nicht sichergestellt war, dass ich durchgängig von Shi De Cheng persönlich unterrichtet werden konnte. Mit dem Großmeister und mit Mister Wei besprach ich meine Lage und kam nach ausgiebiger Beratung zu dem Entschluss, dass ich in einer der modernsten und größten Kampfkunstschulen, die Dengfeng zu bieten hatte, bestimmt gut aufgehoben sein würde. Es war das EPO Wushu College, das es bereits seit gut drei Jahrzehnten in Dengfeng gab und das es zu einem außerordentlichen Ruf gebracht hatte.

»Wushu«, das wusste ich bereits, war ein Sammelbegriff für alle chinesischen Kampfkünste. Von Mister Wei erfuhr ich, dass die Silbe »Wu« für »Krieg/kriegerisch bzw. Kampf/kämpferisch« stand und »Shu« für »Kunst«. Der bei uns gängige Begriff Kung-Fu war in China in der Form überhaupt nicht geläufig. Hier kannte man »Gong Fu« und bezeichnete damit die Gegebenheit, auf dem Weg der schweren Arbeit ein Ziel zu erreichen. Dies musste also mit der Kampfkunst überhaupt nichts zu schaffen haben, sondern galt für jede Tätigkeit.

Jetzt aber auf, zur neuen Schule! Doch was war das? Wir stiegen vor einem riesigen Hotelkomplex aus dem Auto, der mit seinen Reklametafeln eher an einen chinesischen Freizeitpark erinnerte als an eine Kampfsportschule. Mir war noch nicht klar, ob dieses Hotel zu der Schule gehörte, ob hier womöglich alle Sportler gemeinsam untergebracht waren oder etwa nur die Ausländer kaserniert wurden. Für Aufklärung sorgte Mister Wei, den ich mal wieder nicht missen wollte. – Das Hotel gehörte zur Schule; als Ausländer hatte ich die Wahl, ob ich lieber in der Schule oder eben in dem Riesenkasten wohnen wollte. Na, und von innen sah es gar nicht so übel aus, wie ein Hotel eben. Die Gäste, die mir dort über den Weg liefen, machten allerdings nicht den Eindruck, Kung-Fu-Schüler zu sein. Aber zuerst einmal hieß es, die Schule zu besichtigen und sich ein umfassendes Bild von allem zu machen.

Gesagt, getan! Die Unterbringung in der Schule stellte sich als bescheiden, aber durchaus akzeptabel heraus, zumal um einiges günstiger als die Hotelvariante. Dass in der Schule, bis auf wenige Ausnahmen, ausschließlich Chinesen wohnten, kam meinen Wünschen noch sehr entgegen. Allerdings gab es die Schulunterkunft nur mit Pferdefuß: Man durfte das Schulgebäude nicht ohne Erlaubnis verlassen. Für alles Tun und Handeln, was nicht zum eigentlichen Unterricht gehörte, hatte man stets um Erlaubnis zu fragen, ohne die Zustimmung eines Lehrers ging hier gar nichts. Das erinnerte mich allzu sehr an meinen Klosteraufenthalt, und ich erbat mir Bedenkzeit für meine Entscheidung. Denn bei der komfortableren und teureren Hotelalternative konnte ich meine Zeit außerhalb der Trainingsstunden frei gestalten – solange keine Unterrichtsstunden versäumt wurden. Ich war völlig unschlüssig, was ich machen sollte.

Mister Wei machte den Vorschlag, dass ich mir noch andere Schulen in Dengfeng ansehen sollte, bevor ich mich endgültig entschied. Und dem kam ich nach, was mir eine wirklich interessante Tour bescherte. Jetzt erst verstand ich, warum Dengfeng »Kung-Fu City« genannt wurde. Hier gab es Abertausende von Schülern. Die Mitgliederzahlen an jeder dieser Schulen, jedem Internat waren enorm. Aktive Kampfsportler wurden hier in Tausender-Einheiten gezählt. Aber nicht nur die Masse der Schüler ließ mich staunen, auch die Schulen selbst machten mich schier sprachlos. Manche Gebäude ähnelten mit ihren Stacheldrahtzäunen Straflagern, wie ich sie nur aus Filmen kannte. Ich fragte mich, ob der Stacheldraht dazu diente, Fremde fernzuhalten oder die Schüler am Fortlaufen zu hindern. Echt krass.

Ich aber wollte auf gar keinen Fall, auch nicht für eine begrenzte Zeit, das Gefühl haben, eingesperrt zu sein. Ich wünschte mir, frei zu sein in meinen Entscheidungen und eigenverantwortlich handeln zu können, darum hatte ich den Shaolin-Tempel in Otterberg verlassen. Mir lag daran, mir meine Freiheit im Tun und Handeln unbedingt zu erhalten, nie mehr wollte ich wieder einen Lehrer für jeden meiner Schritte um Erlaubnis bitten müssen, selbst wenn ich mir diese Freiheit teuer erkaufen musste: Im Gegenzug erhielt ich ein recht komfortables und im Vergleich zu europäischen Preisen immerhin bezahlbares Hotelzimmer, nächster Pferdefuß: Die günstigsten Preise gab es nur, wenn man einen Jahresvertrag abschloss.

Immerhin hatte ich nicht sofort zu unterschreiben, sondern durfte eine Woche zur Probe an der Schule verbringen. Und so war ich froh, als ich endlich wieder tun konnte, weshalb ich hergekommen war: »kämpfen«.

Das erste Training fand mit einer kleinen Ausländergruppe statt, alles Neuankömmlinge der letzten Tage. Der Coach, ein drahtiger Chinese mit einem verschmitzten Lächeln in den Augen und um den Mund, kam von Beginn an sehr sympathisch rüber. Nun wollte er sich einen ersten Eindruck von unseren Leistungsstandards machen. Bei den gemeinsamen Übungen hatte ich keinerlei Probleme mitzuhalten, der Coach forderte mich sogar auf, eine Kung-Fu-Form nach meiner Wahl vorzuführen.

Ich zeigte eine der Basisübungen, wobei meine Beine locker und hoch zu den seitlich ausgestreckten Armen gingen. Dann ging es runter, in den Mabu, den Reitersitz, der die Oberschenkel so schön strapazieren kann. Aber das waren alles Übungen, die ich bereits so lange machte, dass sie mir völlig problemlos gelangen.

Der Coach war anscheinend positiv überrascht, applaudierte spontan. »Wenn du weiter fleißig übst, wirst du besser als die meisten Chinesen«, sagte er dann noch.

So viel Lob war ich nicht gewohnt, aber im Moment

freute es mich außerordentlich und tat meiner Seele einfach nur gut. Der Coach, die anderen Schüler, alle waren sehr nett und freundlich, es war eben diese Sympathie auf den ersten Blick, und das gefiel mir.

Nach diesem Einstand folgte eine Vorführung einer schuleigenen Showgruppe im Hard-Qigong. Es wurden verschiedene Bruchtests gezeigt, die mit dem überaus effektvollen Zerschlagen von Eisenplatten auf dem Kopf endeten. Von dieser Art Bruchtests hatte ich in Kaiserslautern so gut wie alles geübt, bis auf solche, bei denen der Kopf zur Zerkleinerung von Metallplatten herhielt. Da mir nicht bekannt war, welche Folgeschäden diese Übungen nach sich ziehen konnten, wollte ich Experimente dieser Art auch weiterhin vernachlässigen. Nach der Vorführung gab es Gelegenheit zum Austausch, die Jungs der Showgruppe wollten aber nichts über ihr Training verraten und machten eher eine alberne Geheimniskrämerei um ihr Können.

Um halb sechs aufgestanden fürs gemeinsame Warmlaufen – und hey, die Straßen waren voll mit uniformierten Kampfsportlern. So etwas hatte ich bislang nur in Filmen gesehen und nie, nie, nie damit gerechnet, dass es wirklich so stattfand.

Dieser Coach, ein Chinese von Mitte 40, schien im Gegensatz zu mir aber nicht mehr richtig Lust aufs Laufen zu haben, sodass ich ihm mit meinem Tempo ganz schön an den Fersen hing und ihn auf Trab hielt. Das Laufen half mir mehr als alles andere, in China anzukommen.

Ich hütete mich jedoch mal wieder davor, von dem aus meiner Sicht schlappen Warmlaufen auf das eigentliche Training zu schließen. Zumal ich unendlich froh war, dass wieder ein normales Sportprogramm die Tage füllte.

Gleich nach dem Laufen ging es weiter mit Kung-Fu-Formen und Kicks, Basisübungen wie Mabu, Gong Bu und allem, was das Kung-Fu-Herz höher schlagen ließ. Nicht zuletzt wegen der hohen Temperaturen von über 30 Grad am Mittag war das Training ganz schön schweißtreibend. Doch ich hatte keinerlei Schwierigkeiten durchzuhalten.

Schlafen, trainieren, essen – ohne das eine war das andere nicht zu schaffen. Ausreichender Schlaf war die Grundvoraussetzung, um das kräftezehrende Training leisten zu können. Das Essen schien sich in den nächsten Tagen zu meiner Lieblingsbeschäftigung herauszukristallisieren. Um meinen hohen Kalorienverbrauch zu decken, aß ich jetzt nicht mehr nur drei große Mahlzeiten, sondern über den Tag verteilt viele kleine. Deshalb war ich heilfroh, dass es nach den gut zwei Stunden Morgentraining erst mal zum Frühstück ging, worauf zwei weitere Trainingsstunden folgten. Dehnen, Hüpfen und Springen waren angesagt und endlich auch wieder der Gang zur Kantine, um das wohlverdiente Mittagessen in Empfang zu nehmen. Aufmerksam wurde ich von den kleinen und großen chinesischen Schülern beobachtet, und sie staunten, wie viel ich essen konnte. Schade, dass ich außer einem freundlichen »*Nĭ Hăo*« nicht viel sagen konnte, Englisch verstand hier kaum einer.

Das vegetarische Essen machte mich selbst in großen Mengen einfach nicht satt, bereits eine Stunde nach einer großen Mittagsmahlzeit hätte ich erneut am Büfett zuschlagen können. Doch dann stand der Chinesischunterricht an. Als Herausforderung deutlich größer als alles Sportliche. Schüchtern tastete ich mich an die neuen Laute heran, was nach einer Weile dann sogar Spaß machte. Den Ton etwas länger gehalten, höher oder tiefer angesetzt, kann schon einen ganz anderen Sinn, eine ganz andere Bedeutung hervorrufen. Neues zu lernen und die Hoffnung daran zu knüpfen, bald über die einsilbige Begrüßung hinauszukommen, war der Ansporn. Gleichzeitig wurde mir ganz klar aufgezeigt, dass ich in diesem Bereich ebenfalls noch sehr viel lernen musste. Auch hier galt: üben, üben, üben, jeden Tag.

Am Nachmittag durfte ich mit einer chinesischen Kindergruppe trainieren, von der ich sehr höflich in Empfang genommen wurde. Wohlwollend applaudierten sie, wenn ich eine der geforderten Übungen hinter mich gebracht hatte, und sie schienen durchaus überrascht zu sein, dass ich mich nicht ganz ungeschickt anstellte. Und ich staunte, mit welchen Fähigkeiten die Kleinen bereits aufwarten konnten.

Allerdings fragte ich mich, zu welchem Preis das alles geschah, denn ersichtliche Freude am Training schien kaum eins der Kinder zu haben.

Viele Eltern sahen in der Anmeldung ihrer Kinder an diesen Schulen wohl die einzige Möglichkeit, ihnen eine Ausbildung zu ermöglichen, mit der sie gute Chancen auf einen Job beim Militär oder bei der Polizei oder einer anderen großen Institution haben. Die Ausbildung an Kung-Fu-Schulen genießt sehr hohes Ansehen in China. Mit den für chinesische Verhältnisse hohen Schulgebühren opfern die Eltern sehr viel für ihre Kinder – und so wie es sich für mich darstellt, auch deren Kindheit. Ich glaube nicht, dass ich mein Kind in eine derartige Schule geben würde; das ist aber leicht gesagt, wenn einem die Hintergründe und Nöte der Familien nicht bekannt sind und man selbst in relativem Wohlstand und in einer anderen Kultur aufwuchs.

Die Ausbilder der Kindergruppe irritierten mich insofern, dass ihnen alles egal zu sein schien. Sie sagten, was man zu machen hatte, dann korrigierten sie mal oder eben nicht, schauten gelangweilt in der Gegend herum und erweckten eher den Anschein, dass sie nur darauf warteten, dass ihr Arbeitstag bald vorüber war. Vielleicht lag ich mit meiner Einschätzung aber auch total falsch, und es lag nur daran, dass *ich* in der Kindergruppe aufgetaucht war und somit den »normalen« Ablauf störte. Die Kleinen starrten mich zwischenzeitlich wie einen Außerirdischen an und hatten jede Menge Spaß daran, mich kennenzulernen. Wenn ich an dieser Schule blieb, bestanden gute Chancen dafür.

Doch noch war meine Probewoche nicht vorbei, und ich versuchte immer häufiger, das Für und Wider abzuwägen. Mir war völlig unklar, wie ich eine Entscheidung treffen sollte. Die Gespräche mit dem Großmeister, mit Mister Wei und mit meinen Eltern am Telefon hatten mich nicht wirklich weitergebracht. Vielleicht, so dachte ich, könnte mir ein Ausflug zum Shaolin-Tempel und das Gespräch mit einem Mönch dort weiterhelfen.

An der Wiege des Kung-Fu

Grün, so weit das Auge reichte. Nachdem Mister Wei und ich das staubige Dengfeng und die Autobahn hinter uns gelassen hatten, eröffnete sich Landschaft pur, das chaotische Treiben in der Stadt, der Verkehr, der Smog, das lärmende Hupen, alles war augenblicklich vergessen. Durch eine üppige Vegetation fuhren wir zum Shongshang, an dessen Bergfuß sich der Shaolin-Tempel befindet.

Doch wir waren nicht die Einzigen, der Shaolin-Tempel, der wohl bekannteste buddhistische Tempel in China, ist *die* Sehenswürdigkeit in dieser Gegend, es pilgern aus ganz China und aus allen Ländern der Welt Menschen hierher. Und so erreichten wir zuerst einen der großen und gut gefüllten Parkplätze am Ortseingang. Neben uns hielt ein doppelstöckiger Reisebus und schüttete seine Fahrgäste förmlich aus; wir beeilten uns, um der Touristengruppe vorauszueilen, ich hatte gar keine Lust auf diese hektischen Leute mit Sonnenhüten auf den Köpfen und Kameras vor den Bäuchen. Aber es gab davon einfach zu viele an diesem historischen Ort.

Während wir uns mit dem Besucherstrom bewegten, erzählte mir Mister Wei, dass mehr als eine Millionen Personen jährlich hierherkamen. Dass dieser Ort eine solche touristische Attraktion war, damit hatte ich nicht gerechnet. In deutschen Klöstern gab es ebenfalls Besichtigungsangebote, oder historische Märkte luden Besucher ein, aber das konnte man nicht mit diesem Massenauflauf vergleichen. Bevor wir uns mit der großen Masse zum Tempel durchschlugen, besichtigten wir mit einer kleineren Besuchergruppe den Friedhof der Mönche mit seinen 220 Steinpagoden, aufwendig gearbeiteten Stelen. Erst dann drangen wir immer weiter vor zum Herzen dieser weitläufigen Anlage. Allerdings verflüchtigte sich mit jedem Schritt auch der letzte Rest von andächtiger Stimmung, als wir an einer Vielzahl von Souvenirständen und laut dröhnenden Musikboxen vorbeischlenderten. In dieser Betriebsamkeit war von Würde und Religiosität keine Spur mehr; selbst die wenigen Besucher, die Räucherstäbchen anzündeten und ins Gebet versunken niederknieten, konnten das Gesamtbild nicht mehr aufwerten. Aber vermutlich verfügten jene über die buddhistische Gelassenheit, die ich noch nicht erreicht hatte.

Das rote Gebäude mit dem grünen Dach, flankiert von zwei steinernen Löwen, kannte ich schon von Bildern, jetzt ergriff mich für eine Minisekunde doch noch das Gefühl, an einem besonderen Ort zu sein, allerdings verlosch es auf der Stelle, als hinter mir ein chinesischer Touristenführer in sein Megafon brüllte.

Hätten wir es wie alle anderen Touristen gemacht, dann wären Mister Wei und ich weitergezogen, um eine der im Stundentakt präsentierten Kung-Fu-Shows anzuschauen. Als mein freundlicher Begleiter es mir vorgeschlagen hatte, war ich mir sicher, in einem Freizeitpark gelandet zu sein. Diese Shows interessierten mich nicht, lieber sprach ich noch mit Mister Weis Hilfe mit einem der Mönche, zu dem ich vorgelassen wurde. Ich staunte nicht schlecht, als ich in dem Zimmer des Mönchs an der Wand eine Gitarre und auf dem Tisch einen Computer entdeckte. Trotzdem sah vieles authentischer aus, als ich es in dem deutschen Kloster erlebt hatte, aber so richtiges Feeling kam auch hier nicht auf. Dieses Gespür, dass einen ergreift und respektvoll schweigen lässt, wenn man einen ehrwürdigen Ort betritt. Aber okay, warum sollte sich ein Mönch im 21. Jahrhundert Brieftauben halten und mit einer Feder auf Pergament schreiben. Und Gitarre oder Computerspiele spielen sagt allein noch nichts über die Glaubhaftigkeit des Tuns eines religiösen Menschen aus.

Enttäuscht war ich dann, als der Mönch auf konkrete Fragen von mir alles andere als konkrete Antworten gab. Im Grunde ging es mir darum zu erfahren, wie er sein Leben sah. Fühlte er sich zufrieden, wie erreichte er diesen Zustand der Zufriedenheit? Wie stellte sich für ihn das Zusammenspiel einer doch in der Ausübung recht harten Sportart mit dem friedvollen Umgang als Buddhist dar? Wie sah sein Alltag aus, welche Hoffnungen verband er mit seinem buddhistischen Dasein? So und ähnlich waren meine Fragen. Es waren einige Stunden, die ich mit ihm verbrachte, und ich war durchaus dankbar, dass er mir die Zeit widmete. Mein persönlicher Eindruck war jedoch, dass auch dieser Mönch mir nicht ehrlich von sich erzählen wollte.

Wie zuvor bei anderen Meistern und Mönchen, mit denen ich gesprochen hatte, bekam ich allgemeine Ratschläge zu hören, die sich nicht selten auch noch widersprachen. Einer hatte mir mal empfohlen: »Du musst viel lesen, Bücher sind der Schlüssel zu allem.« Ein anderer hatte geraten: »Du solltest auf keinen Fall lesen, es gibt kein Buch, das so lehren kann wie ein guter Meister. Den musst du finden, um von ihm zu lernen.« Kein persönliches Wort wie: »Ich stehe morgens um fünf Uhr auf und meditiere eine Stunde, lese dann in dem und dem Buch und mache dieses oder jenes.

Oder meinen Meister habe ich da und dort getroffen.« Stattdessen wurden buddhistische Weisheiten zitiert.

Die Worte des Mönchs wirkten auf mich wie einstudiert, auf die Bedürfnisse von Touristen abgestimmt, die Sonnenhüte auf dem Kopf und Kameras vor den Bäuchen trugen. Die schöne Umgebung, dieser geschichtsträchtige Ort, ein paar weise Sprüche, das musste doch jeden verzaubern …

Nein, nicht jeden! Oder ich war eben nicht jeder.

Vielleicht lag ich mit meiner Meinung aber auch total daneben. Manch einer mag das alles anders empfinden. Aber ich wollte nun mal auf ein paar klare Fragen klare Antworten.

Als wir den Raum des Mönchs verließen, begann es leicht zu regen. »Willst du trotzdem rauf zur Damo-Höhle?«, fragte mich Mister Wei.

Was für eine Frage! Unbedingt!

Kein Monsunregen wie damals beim indischen Mönch Bodhidharma, aber ein feiner Nieselregen begleitete uns den größten Teil der unzähligen Stufen aus Stein zur Damo-Höhle hinauf. Endlich Ruhe um uns herum; Mister Wei, hager und zäh, legte die Strecke ohne großes Murren zurück. Immer wieder blieb ich stehen und schaute mich um. Der wundervolle Blick über das grüne Bergland, das verwunschen wie in einem leichten Nebel lag, das hatte etwas von dem Zauber, den ich suchte. Endlich Stille, endlich etwas von dem innigen Feeling, das ich mir erhofft hatte. Bald zwei Stunden waren wir unterwegs, zum Glück hatten nur wenige andere das Unternehmen ebenfalls gewagt. Sie waren allesamt deutlich leiser als zuvor die Massen im Kloster. Vielleicht war es aber auch dem schweren Anstieg geschuldet. Für einen untrainierten Menschen konnte der Aufstieg wirklich anstrengend sein. Nur wer sich wirklich interessierte, der kam hier hinauf. Okay, neun Jahre lang wollte ich weder in dieser noch in einer anderen Höhle meditieren, aber für ein

Jahr in China meine Kampfkünste verbessern, das schien mir jetzt wieder Sinn zu machen.

Hatte ich kurz vor der Fahrt noch an allem gezweifelt, fuhr ich nun zuversichtlich zurück nach Dengfeng.

Am nächsten Tag bat ich Mister Wei, dass er ein Gespräch mit dem Schulleiter arrangierte. Wenn ich wirklich an dieser Schule bleiben wollte, dann war es mir wichtig, dass meine Pläne wenigstens in Teilbereichen aufgingen.

Wieder einmal wurde mir eine große Ehre zuteil, denn der Schulleiter, selbst ein Shaolin-Großmeister, empfing mich. Mein Hinweis, dass ich bereits seit 14 Jahren mit und für die Kampfkunst lebte, beeindruckte ihn nicht sonderlich; was ich aber auch nicht beabsichtigt hatte. Ich wollte damit lediglich betonen, wie ernst mir die Sache war – und zwar trotz der Wahl der Hotelunterbringung. Seinen Worten »Reden ist leicht, Handeln ist schwierig« entnahm ich, dass ich mir keine Schwäche erlauben durfte, wenn ich schon zu Beginn mit Wünschen an ihn herantrat.

Meine ursprünglichen Bedenken, dass an dieser Schule nicht viel über Shaolin-Kung-Fu zu erfahren sein würde, konnte der Großmeister jedoch zerstreuen. Es würden hier identische Trainingsinhalte, wie ich sie von den bisherigen chinesischen Großmeistern und anderen Shaolin-Meistern kannte, vermittelt.

Aber was hätte ich nur ohne Mister Wei gemacht, der noch einmal erfolgreich die Preise nachverhandelte.

Da ich meine Zeit in China nicht als Testperson von Kung-Fu-Schulen vertun wollte, unterschrieb ich den Jahresvertrag beim EPO Wushu College, Beginn der Schulzeit allerdings erst in ein paar Tagen. Ich wollte gern noch mehr von der faszinierenden Bergwelt Chinas sehen, bevor ich mich ganz den Trainingshallen der Schule und »Kung-Fu City« verschrieb.

Mit dem Zug, in der Klasse »Softsleeper«, was sich nicht nur bequem anhörte, sondern auch war, brach ich in Begleitung von Mister Wei am frühen Morgen in Richtung Süden auf. Gute acht Stunden Zugfahrt lagen vor uns, da musste unbedingt unterwegs trainiert werden, was im Abteil problemlos ging, weil Mister Wei freundlicherweise den Kopf ein- und die Beine anzog.

Trotz der bequemen Sitze fand ich danach keine Ruhe, geschweige denn noch etwas Schlaf. Mir schwirrten die Gedanken nur so durch den Kopf. Hatte ich mich richtig entschieden? Würde ich meinen Weg in China wirklich weitergehen können? Stimmte der gute Eindruck der neuen Schule? War das Training im Shaolin-Tempel in Deutschland nicht anspruchsvoller gewesen? Hätte ich das Kloster vielleicht doch nicht verlassen sollen?

Das war der Nachteil, wenn man sich aufmachte, um allein und selbstbestimmend seinen Weg fortzusetzen. Vier Jahre lang hatte ich keine Entscheidungen mehr treffen müssen, war im Grunde bevormundet und klein gehalten worden. Jetzt machte ich neue Erfahrungen und lernte eigentlich zum ersten Mal über mein Leben selbst zu bestimmen. Aber handelte ich wirklich überlegt, oder ließ ich mich doch von Oberflächlichkeiten leiten? Ich versuchte, die innere Unruhe und wiederkehrenden Zweifel bei dem gemeinsamen Frühstück im Bordrestaurant mit Herrn Wei zu vertreiben. Immerhin der Service im Zug war hervorragend. Ich musste grinsen, als eine Dame vom Zugpersonal die Bestellungen aufnahm und Mister Wei das Dreifache von dem, was er für sich orderte, für mich bestellte.

Als ich daran dachte, dass Mister Wei mir nach dieser Reise nicht mehr lange behilflich sein konnte, kam die Anspannung zurück. Ob ich ohne ihn in diesem fremden Land zurechtkommen würde? Bisher jedenfalls war er unverzichtbar gewesen. Meine Eltern waren und werden immer für mich da sein, aber gerade diese Sicherheit hatte mich auch fortgetrieben. Bald konnte ich also herausfinden, wie gut ich mich allein durchschlug.

In den Wudang-Bergen angekommen – sie werden das »heiligste Gebirge unter dem Himmel« genannt, verflogen meine Zweifel beim Anblick der einzigartigen Landschaft. Diese Bergregion im Nordwesten der chinesischen Provinz Hubei berührte etwas in mir. Und die oftmals verborgen liegenden Klöster, die sich wie Märchenschlösser in einer verwunschenen Landschaft ausmachten, waren nicht immer gut erhalten, versprühten aber einen weitaus größeren Charme als etwa das instand gesetzte und restaurierte Shaolin-Kloster. Wie gern würde ich hier in einem Kloster auf einem der Berge leben und Kung-Fu trainieren … Zumindest stellte ich mir dies in dem Augenblick, als ich ein Kloster in den Bergen besuchte, als ultimative Lebensform vor. Hier war man dem Himmel ganz bestimmt nicht nur räumlich näher als in Dengfeng.

Der Legende nach bilden die daoistischen Klöster in den Wudang-Bergen den Ursprungsort der »inneren Kampfkünste«, wie es zum Beispiel Tai-Chi eine ist. Damals soll ein daoistischer Mönch den Kampf einer Schlange gegen einen Kranich beobachtet haben. Dabei wich die Schlange den Angriffen so geschickt aus, dass der Kranich erschöpft aufgeben musste. Und eben aus dieser Beobachtung heraus sollen sich die Prinzipien des weichen Kämpfens mit innerer Kraft entwickelt haben.

Den »inneren Kampfkünsten« gegenüber stehen die »äußeren Kampfkünste«, etwa das buddhistische Shaolin-Kung-Fu. Eine gute Kung-Fu-Schule à la Shaolin in dieser Gegend zu suchen wäre völlig sinnlos; die Schulen boten hier vorrangig Tai-Chi an. Und ich konnte einige Touristengruppen beobachten, die mit Fächern und Stöcken bewaffnet die inneren Kampfstile übten. Alles, was ich zu sehen bekam, sah überwiegend schön aus, und manch einer der Übenden schien topfit zu sein. Die mir nicht unbekannte Form der Bewegung, ich hatte im Tai-Chi mit Shifu Shi Heng Cheng einen sehr guten Lehrer in Kaiserslautern, bereitete mir auch jetzt wieder Freude, als ich mit einer Gruppe ein paar Übungen mitmachte. Meinen Wunsch, mit Chinesen trainieren zu dürfen, erfüllte man mir allerdings in keiner Schule, bei der wir nachfragten. Man verwies mich immer nur auf die Touristenkurse. Doch dann fand ich mithilfe von Mister Wei einen Meister, der bereit war, mir ein wenig seiner Zeit zu opfern, was wieder einmal eine große Ehre für mich bedeutete.

Gern bereit, über seine Kampfkunst zu sprechen, erzählte auch ich schließlich ein wenig über meine Kung-Fu-Ausbildung. Doch das hörte der Meister nicht gern. Mister Wei übersetzte mir, was ich nur dem Wortlaut nach wiedergeben kann, nämlich dass Shaolin-Kung-Fu schlichtweg Humbug und die in Wudang gelehrte Kampfkunst sehr viel besser sei – kämpferisch wie mental.

Mir gefiel die Art des Meisters, sich über andere zu erheben, nicht, keiner der Shaolin-Mönche hatte mir gegenüber je andere Kampfkünste schlecht dargestellt.

Mit dem Ende dieser kurzen Reise in ein beeindruckendes Gebiet war für Mister Wei die Zeit gekommen, nach Deutschland zurückzukehren. So fuhr er zum Flughafen und ich zum Bahnhof. Und ich vermisste den immer freundlichen und hilfsbereiten Menschen bereits kurz nach unserem Verabschieden.

Hellwach hatte ich mir bei der Ankunft am Bahnhof jedes Detail eingeprägt. Sozusagen jeden Schalter und jedes Gleis.

Trotzdem war es eine Herausforderung, ohne vernünftige Sprachkenntnisse zurück nach Dengfeng zu kommen, Englisch half hier nicht viel.

Jetzt war ich also frei und bestimmte selbst, wie von mir gewünscht. Und ich war unsicher, wenn auch nicht ängstlich. Im Grunde ärgerte ich mich über mich selbst, weil ich mich nicht besser auf die Reise nach China vorbereitet hatte, und sah mich schon kreuz und quer durchs Land fahren, ohne jemals wieder in Dengfeng anzukommen. Mit Händen und Füßen gestikulierend, kämpfte ich mich dann aber aufs richtige Gleis, zum richtigen Zug durch.

Durchbeißen

Komfortable Unterbringung im Hotel, kein Ausländerbonus und das Training mit Einheimischen – wie verabredet startete mein Einstieg im EPO Wushu College in Dengfeng. Das Training forderte mich aber nicht mehr, als es das in Kaiserslautern getan hatte, deshalb spielte ich alsbald mit dem Gedanken, mein eigenes Trainingsprogramm auch an dieser Schule mit einzubringen. Dann hieß es zwar wieder, vor den anderen aufstehen oder nach den anderen zum Schlafen legen; aber wenn's mich weiterbrachte, war ich gern dazu bereit. Dafür war ich schließlich hier.

Schlafen, Essen, Trainieren – alles außer Kontaktkämpfe, und nicht zu vergessen, der mit eineinhalb Stunden täglich angesetzte chinesische Sprachunterricht, daneben mein selbst auferlegtes Zusatztraining, meist nach dem Abendessen, schnell kam wieder Alltagstrott in mein Leben, und Deutschland war in weite Ferne gerückt, selbst wenn ich regelmäßig mit meinen Eltern und mit Alissa und Nadine E-Mails schrieb.

Die Entscheidung für die Komfortunterbringung erwies

sich insoweit als vorteilhaft, dass ich ein Doppelzimmer mein Eigen nennen durfte. Mit reichlich Platz, um vielleicht auch mal sorglos irgendwo etwas ablegen zu können. Selbst Fernseher und Kühlschrank waren vorhanden. Wichtiger war mir jedoch die eigene Dusche und Toilette. Damit ich bei so viel an Vorzugsbehandlung gegenüber meinen chinesischen Kollegen nicht ganz zum Weichei mutierte, beschloss ich, überwiegend auf dem Boden zu schlafen und das weiche Bett nach Möglichkeit zu meiden. Dass ich vor dem Schlafengehen allein im Hotelzimmer saß und mich nicht mehr mit den anderen über den Tag austauschen konnte, das war ein deutlicher Nachteil. Immerhin schrieb ich so mehr in mein Notizbuch und lernte auch schon mal ein paar chinesische Vokabeln auswendig.

Es war mein großer Wunsch, gegen chinesische Kung-Fu-Sportler zu kämpfen, mich mit ihnen zu messen, um aus meinen eventuellen Fehlern zu lernen. Daher bat ich den Meister der Freikampf-Truppe, die das sogenannte Sanda übte, mitmachen zu dürfen. »Ja, aber erst einmal zuschauen«, war seine Antwort.

Ich wunderte mich selbst darüber, welcher Wandel sich innerhalb der letzten Jahre in mir vollzogen hatte. Als Feigling hätte ich mich selbst nicht bezeichnet, aber dass ich ein ängstlicher Typ gewesen war, der Konflikten am liebsten aus dem Wege gegangen war, konnte ich nicht leugnen. Heute sehnte ich mich förmlich danach, mich körperlich mit einem Gegner zu messen und zu beweisen.

»In China wird lange trainiert, bis man bereit für Sanda ist«, hatte der Meister noch in gebrochenem Englisch hinterhergeschoben. Und ja, ich wusste schon, dass die Chinesen einem Westler nicht ohne Weiteres zutrauten, dieses Level jemals zu erreichen. Aber mit acht bis neun Stunden Training täglich war ich kein beliebiger Sportler. Und ich wollte endlich einmal sehen, wo ich mit meiner Kampfkunst stand. Womöglich nur im Laufen zu den Besten zu zählen, das reichte mir nicht auf Dauer, ich wollte weiterkommen und eine Entwicklung sehen. Ein Kampf erforderte höchste Konzentration auf den Moment. Mit den Gedanken nicht bei der Sache zu sein wurde sofort und zumeist schmerzhaft bestraft.

Viel Neues konnte ich beim Zuschauen der ersten Trainingseinheit der Sanda-Kämpfer – einige Gesichter kannte ich vom Warmlaufen und aus der Kantine – nicht ausmachen. Als die zweite Übungseinheit angesetzt wurde, forderte mich der Trainer ohne ersichtlichen Grund und fast schon barsch auf, essen zu gehen. Na toll! Würden jetzt die geheimnisvollen Sachen geübt, welche die »Langnase« nicht sehen sollte? War es, wie mir erzählt wurde, eine Sache der Ehre, und ein chinesischer Kung-Fu-Kämpfer durfte einfach nicht verlieren? Ach. Was zerbrach ich mir unnütz den Kopf. Morgen könnte ich vielleicht schon mitkämpfen.

Doch am Abend machten mir plötzlich Schnupfen, Schluckbeschwerden, Fieber und Magenprobleme zu schaffen. Für die Nacht brach ich sogar mit meinem Vorsatz und legte mich vom Boden doch in das bequemere Bett; mir ging es nicht gut. Das ärgerte mich natürlich enorm, denn ich war gerade mal ein paar Wochen hier und hatte bereits gedrängelt, kämpfen zu dürfen, und nun machte ich kurz vorher schlapp? Ich wollte auf gar keinen Fall, dass hier auch nur irgendjemand annahm, ich würde bereits nach so kurzer Zeit schwächeln oder gar vor dem Kampf kneifen. »Aufgeben beginnt im Kopf« … also den Geist anstrengen und die unschönen Gefühle beiseiteschieben.

Am nächsten Morgen kam ich nach fiebrigem Schlaf kaum hoch, schleppte mich zum Schularzt, der mich mit einem kleinen Berg an Medikamenten zurück ins Bett schickte. Ich nahm erst mal keine der Pillen, mit der Einnahme von Medikamenten hatte ich bisher kaum Erfahrung – zumal ich mit den chinesischen Beipackzetteln nichts anfangen konnte. Erst mal noch zwei Stündchen hinlegen, dachte ich mir.

Jeder Kampf war vor allem ein Kampf gegen sich selbst, gegen den eigenen Körper. Und manchmal kam einem der eigene Körper wie der größte Feind vor. Mir zumindest ging es gerade so. Da die beste Medizin aber immer noch ein starker Wille war, nahm ich auch nach dem kurzen, aber tiefen Schlaf nichts von den vielen Tabletten und Tropfen.

Hin- und hergerissen, ob ich meine Krankheit im Bett auskurieren oder mich zum Training aufraffen sollte, machte ich mich schließlich doch auf den Weg. Die Trainingseinheiten im normalen Tagesablauf, die üblichen Formen, Tai-Chi und Qigong, lernte ich mit der hauseigenen Showtruppe. Zum Kampftraining ging es dann zur Sanda-Gruppe. Eigentlich die totale Wunscherfüllung! Ich befand mich ausschließlich unter chinesischen Kampfsportlern.

Doch am zweiten Tag wurde ich wieder mit deutlich spürbarer Reserviertheit empfangen. Das Gefühl, willkommen zu sein, kam nicht auf. Dann ging es aber auch schon mit Aufwärm- und Dehnungsübungen los. Der Meister und seine Helfer schonten mich nicht. Durchaus schmerzhaft drückten sie mich in tiefe Positionen. Mit ihren Füßen »massierten« sie meine Oberarme und waren dabei alles andere als zimperlich. So wurde mit allen Schülern verfahren. Dann folgte die sogenannte »Pratzenarbeit« mit Schlägen und Kicks, und erst danach ging es dann endlich zur Sache.

Doch was bedeutete »es ging zur Sache« eigentlich? Bei dem Freikampf sollte geübt werden, die in jahrelanger und mühevoller Arbeit erlernten Fertigkeiten in einen realistischen Kampf einzubinden. Also wie das Sparring beim Boxen, mit dem Unterschied, dass beim Kung-Fu mehr als nur die Fäuste als »Waffe« dienten. Dabei war natürlich davon abzusehen, das Gegenüber ernsthaft zu verletzen, es war schließlich ein Trainingskampf. Und damit eventuelle Schläge nicht zu Totalausfällen führten, wurden ebenfalls wie beim Boxen Boxhandschuhe getragen.

Ein wenig größer als ich und mit etwa gleicher Statur stand mir mein »Gegner« gegenüber. Was mir allerdings nicht nur in China des Öfteren auffiel, war, dass die asiatischen Kämpfer über eine sehr starke Oberschenkelmuskulatur verfügten. Auch bei meinem Gegenüber hatte es den Anschein, als würde er sich auf die Stärkung dieser Muskelpartien konzentrieren. Im Vergleich dazu hingen die Arme bei ihm dünn wie Spaghetti am Körper runter. Das hatte ich schon bei vielen Asiaten, die Kampfsport machten, bemerkt. Mein Bizeps war mit meinem selbst entwickelten Aufbauprogramm einigermaßen in Einklang mit den anderen Körperpartien gewachsen. Ob dies nun von Vorteil war, konnte ich nicht sagen. Doch bereits im Kloster Kaiserslautern hatte Meister Shi Yan Xiu lieber ohne Armeinsatz, also nur mit aktiven Beinen, gekämpft. Er hatte mal gesagt, ich hätte einen recht guten Punch.

Mein chinesischer Trainingspartner schien überaus überrascht zu sein, dass ich seine beiden ersten Tritte zu meinen Oberschenkeln und in die Bauchregion relativ leicht wegsteckte. So machte er fleißig weiter, und es entwickelte sich ein durchaus heftiger Kampf. Nach einer Handvoll kassierter Treffer dachte ich, dass es genug der Zurückhaltung war, schließlich hatte ich mich nicht vom Krankenlager erhoben, um mir eine Tracht Prügel einzufangen. Nehmerqualitäten, wie sie so oft im Kampfsport geschildert wurden, mochte ich überhaupt nicht unter Beweis stellen, denn jeder Treffer war einer zu viel und bedeutete, dass ich einen Fehler gemacht hatte. So griff ich auch bei diesem Kampf gern mal auf eine christliche Weisheit zurück und handelte nach dem Prinzip, Geben ist seliger denn Nehmen. Meine Arme und Fäuste setzte ich dabei gut ein, sodass jetzt nur noch mein Partner einsteckte. Dass die Anwesenheit des Meisters und sein genaues Beobachten den Druck auf meinen Partner erhöhte, konnte ich mir sehr gut vorstellen. Dann war das Sparring vorüber, und mein »Gegner« lächelte mich erschöpft an und hob anerkennend den Daumen in die Höhe. – Das war eine gute Erfahrung für mich, und ich war sehr froh, an dem Kampftraining teilgenommen zu haben. Zudem fühlte ich mich deutlich besser als noch am Vormittag.

Kung-Fu-Alltag

Mittlerweile hatte ich die Schule in Dengfeng als neue Heimat angenommen, fühlte mich durchaus wohl und schlief deutlich besser als noch während der ersten Wochen. Die Freundlichkeit und Hilfsbereitschaft der chinesischen Mitbewohner war weiterhin groß, lediglich in der Sanda-Gruppe schien ich außer meinem Sparringspartner nicht viele Freunde zu haben. Mein Eindruck war, dass die anderen durch meine Fertigkeiten Druck von ihren Lehrern bekamen, weil diese es nicht gern sahen, wenn ihre Schützlinge gegen einen Fremdling nicht die beste Figur abgaben.

Der gut eingespielte Tagesablauf hätte erst mal so für mich weitergehen können, aber dann wurde der Sprachunterricht auf die gleiche Uhrzeit gelegt, in der ich mit den Einheimischen der Sanda-Gruppe trainierte. Wollte ich das Training beibehalten, müsste ich auf den Sprachunterricht verzichten. Die angebotene Alternative lautete: weiter Chinesisch lernen und statt Gruppen-Kung-Fu für ein individuelles Training einen Privatcoach zur Seite gestellt bekommen, den ich mir mit ausländischen Besuchern »teilen« musste, was aber nur in geringem Umfang vorkäme, wie mir versichert wurde.

Also wieder einmal eine Nacht mit Grübeln verbringen, um herauszufinden, was mir wirklich wichtig war.

Kurzentschlossen unternahm ich an diesem Abend einen allerersten Ausflug in die Stadt. Mein Magen knurrte mal wieder erbärmlich. Definitiv reichten mir Reis und Gemüse allein nicht aus, oder ich hätte mir im Stundentakt eine Portion davon zuführen müssen. Ich litt richtig Hunger.

Bei dem Ausflug stellte ich allerdings fest, dass mir die ganze erkaufte Freiheit wenig nutzte, wenn die Sprachkenntnisse noch nicht ausreichend vorhanden waren. Durchaus bereit, die neu erlernten Wörter anzuwenden, blieb es zunächst dennoch bei einer unbeholfenen Verständigung, und ich kam mir dabei nicht nur verdammt blöd, sondern auch sehr unhöflich vor. Enttäuscht ging ich in einen Supermarkt, wo ich nicht viel reden musste, sondern mir einfach etwas aus einem Regal nehmen konnte. Es waren meist appetitanregende Bilder auf den Verpackungen, sodass ich ordentlich zulangte. Was beim Essen auf dem Zimmer dann nicht mehr der Fall war. Der Inhalt und die Reklamebilder hatten wenig miteinander gemein, weshalb ich nur das Nötigste in mich reinstopfte, um wenigstens satt zu sein. Die Erlebnisse an diesem Abend verkürzten dann aber das Grübeln: Ohne wenigstens bescheidene Sprachkenntnisse konnte das ganze Chinaabenteuer nicht annähernd den Verlauf nehmen, wie ich es mir vorstellte. Also wollte ich am Chinesisch-Unterricht festhalten und dafür das Training mit der Showgruppe und der Sanda-Gruppe aufgeben.

Ein Privatcoach, den man ab und an mit wenigen anderen »teilte«, musste auch nicht zwangsläufig von Nachteil sein. Und nur, wenn es mir gelang, mich anderen mitzuteilen und diese mich ebenfalls verstehen konnten, würde ich vielleicht etwas von der buddhistischen »Tiefe« finden, die ich mir erwünschte. In dieser Hinsicht brachte mich das College auf keinen Fall weiter, denn außer dem gelegentlichen Anzünden von Räucherstäbchen, was oft sogar noch auf meine Anregung zurückzuführen war, passierte nichts Erkennbares auf diesem Gebiet. Für die chinesischen Sportler schien der Schulaufenthalt schlichtweg die Vorbereitung auf einen späteren Berufsweg zu sein. Und bei allem militärischen Drill trat der Glauben schon einmal in den Hintergrund – Shaolin hin oder her.

Aber was stellte ich mir unter »Tiefe« finden denn eigentlich vor? Mit Sicherheit nicht das Abdriften in eine esoterische Ecke oder die Suche nach einem buddhistischen Übermenschen. – Wenn die Kampfkunst und der Chan-Buddhismus, so wie in Shaolin gelehrt, untrennbar zusammengehörten, dann wollte ich genau darüber mehr erfahren. Vor allen Dingen auch erleben, wie es sich im alltäglichen Miteinander zeigt. Aber wenn dies nicht in der Schule passierte, wo sollte ich es dann erleben? Die Anzahl derer, die sich zum Buddhismus bekennen, hat in China rasant zugenommen, und selbst wenn sie im Vergleich zu anderen asiatischen Ländern prozentual immer noch sehr gering ist, dachte ich, aufgrund der hohen Bevölkerungsdichte wohl davon ausgehen zu können, auch außerhalb der Kung-Fu-Stätten auf Menschen zu stoßen, die sich für diesen Glauben entschieden hatten. Aber ich war außerhalb der Schule nun mal kaum unter Menschen. Und mit dem Einzelunterricht hatten sich die Menschen, die mich tagsüber umgaben, noch einmal reduziert. Also hieß es folgerichtig, weiter Chinesisch zu lernen und wann immer es mir möglich war, Orte aufzusuchen, an denen ich Leute traf, mit denen ich mich – vielleicht auch über Buddhistisches – unterhalten konnte.

Meine Entscheidung stellte sich als Glücksgriff raus. Meister Jia, so hieß der Privatcoach, war der sympathische Lehrer mit dem verschmitzten Lächeln, den ich beim ersten Probetraining an der Schule kennengelernt hatte. Wie ich zudem erfuhr, war Meister Jia mehrfacher chinesischer Champion im Freikampf, und so würde ich auf der kämpferischen Ebene bestimmt einen großen Schritt nach vorne kommen können. Verschiedene Formen des Kung-Fu, Qigong und Tai-Chi, die ich bislang mit der schuleigenen Showtruppe geübt hatte, lernte ich nun von ihm. Und wir verständigten uns darauf, dass von diesen Übungen nur eben so viel durchgenommen wurde, wie unbedingt nötig, damit mehr Zeit für das Kampftraining blieb. Allein in dieser Hinsicht war das ein klarer Vorteil, einen Privattrainer zu haben und Wünsche äußern zu können.

Die Verständigung zwischen uns fand mit meinen bisher gelernten Brocken der chinesischen Sprache statt, und wenn es mal nicht ausreichte, sprachen wir Englisch. So profitierten wir beide etwas von diesem Sprachgemisch.

Der militärische Drill galt selbstverständlich auch für uns ausländische Schüler, und da war es ganz gleich, welcher Meister oder Lehrer unterrichtete, und ebenfalls ein Privatcoach kannte da kein Pardon. Wer am Morgen nicht im Gleichschritt lief, wurde durch den mitgeführten Stock darauf aufmerksam gemacht. Nicht nur durch Zeigen auf die Beine, sondern auch mal durch Schlagen. So passierte es einem Südamerikaner, dem die kalten Temperaturen zugesetzt hatten.

In solchen Momenten war ich froh, dass ich früh gelernt hatte, das Laufen in den kühlen Morgenstunden als durchaus erfrischend anzusehen – zumal hier spätestens gegen Mittag der Smog aufzog. Und sicherlich half es mir, dass ich mich vor dem Laufen selbst schon warmtrainiert hatte. Ich selbst hätte mich niemals, von wem auch immer, schlagen lassen. Ich befolgte einfach die Regeln, dann gab es in dieser Hinsicht keine Konflikte.

Zudem lief mein Training mit Meister Jia wirklich effektiv, und ich fand hierin die Bestätigung meiner Vermutung; in China wird nicht besser, länger oder härter trainiert, wie ich es oftmals gehört habe, sondern Kung-Fu hat hier schlichtweg einen anderen Stellenwert als in der Heimat. Daheim dient es mehr einigen der Freizeitgestaltung, in China vielen der Berufsvorbereitung und der Lebensführung. Wie hart man trainierte und sich forderte, war jedoch hier wie da eine Sache der persönlichen Einstellung. Ich hatte nie daran geglaubt, dass eine Nationalität darüber entscheidet, wie gut man eine Sache beherrscht.

Und am Abend auf dem Nachtmarkt

Die anfängliche Unzufriedenheit und der Ärger über mich selbst, dass ich mich in Bezug auf die Sprache nicht besser vorbereitet hatte, waren verflogen. Täglich etwa eineinhalb Stunden Chinesisch und dazu abends noch etwas aufarbeiten, zeigten langsam, aber stetig kleine Erfolge. Inzwischen machte es sogar Spaß, einkaufen zu gehen und Leute ungeniert und angemessen ansprechen zu können. Hatte ich die Chinesen nicht nur im Alltag immer schon als sehr freundlich empfunden, schlug mir jetzt oft große Herzlichkeit entgegen. Gern waren die Leute bereit, sich auf ein Gespräch einzulassen und auf diese Weise etwas von und über den Fremden aus dem fernen Europa zu erfahren. Darüber hinaus machten sich die Sprachkenntnisse auch bei Einkäufen in vielerlei Hinsicht positiv bemerkbar. Nicht nur, dass ich jetzt, bis auf seltene Ausnahmen, das mitnahm, was ich wirklich haben und essen wollte, auch die Preise schienen mit jedem Wort, dass ich bereit war zu sprechen, auf wundersame Weise günstiger zu werden. Das schonte den Geldbeutel nicht unerheblich.

Doch dann gab es erneut eine Änderung, was den Sprachkurs betraf. Die Lehrerin, keine feste Mitarbeiterin der Schule, war woandershin gewechselt, und jetzt fiel der Unterricht oft aus und fand mehr sporadisch mit einer Ersatzlehrerin statt. Deshalb nutzte ich die freien Abende, um mich unter das Volk zu mischen und meine hart erworbenen Chinesisch-Kenntnisse nicht verkümmern zu lassen. Außerdem brauchte ich eine weitere, möglichst fleischhaltige Mahlzeit pro Tag.

Immer öfter ging ich also zum Abschluss des Abends in die Stadt, um mir noch etwas »zuzufüttern«, Fleisch vor allem. Der Vorteil, die Schulanlage stets verlassen zu dürfen, sofern alle angesetzten Unterrichtsstunden eingehalten wurden, erwies sich mal wieder als enorm hilfreich.

Bei einem dieser Bummel über den Nachtmarkt sah ich in der Nähe einige Typen aus der Sanda-Gruppe, die mich aber immer nur kritisch beäugt hatten; ich war mit ihnen einfach nicht warm geworden. Die Gründe, weshalb ich nicht mehr mit ihnen trainierte, kannten sie wahrscheinlich nicht. Jedenfalls standen sie nicht so weit entfernt, und ich konnte das in meine Richtung gesagte »Blöder Ausländer, was willst du hier?« sehr gut verstehen. Ich ging auf sie zu, um mit ihnen zu sprechen und ihrem eventuell nicht ganz glücklichen Versuch der Kontaktaufnahme den Wind aus den Segeln zu nehmen. Aber siehe da, genau die, die beim morgendlichen Laufen nicht die Schnellsten gewesen waren, machten sich flugs aus dem Staub. Schmunzeln musste ich, weil ich daran dachte, dass ich früher derjenige gewesen war, der bei unangenehmen Zusammentreffen die Beine in die Hand genommen hatte.

Das reichhaltige Essensangebot auf dem bei Einheimischen wie Besuchern aus aller Welt beliebten Nachtmarkt kam meinen Wünschen entgegen. Die Magenprobleme, die ich mir mit jedem Essen einhandelte, würden sich hoffentlich mit der Zeit geben, dachte ich optimistisch. Aber mein Körper dachte anders. Es lag wohl am vielen Fett, denn egal welchen Imbissstand ich aufsuchte, der Meister am Wok begann den Kochvorgang stets mit einer übergroßen Kelle Öl. Mein ganz auf fettarm geschulter Körper stieß bei diesen Mengen wohl an seine Grenzen. Meine Bitte, etwas weniger Öl zu nehmen, kam man insofern nach, dass »nur« noch drei Viertel der vorherigen Menge in den Wok gegeben wurde.

Der Nachtmarkt lockte mit bekannten und unbekannten kulinarischen Leckerbissen. Gegrillte Skorpione am Spieß, Schlangensuppe, Käfer in allen Varianten. Wohl nicht umsonst gab es den Spruch: »Chinesen essen alles, was Beine hat, außer es ist ein Tisch.« Und ich probierte fast alles. Die anderen Leute um mich herum langten doch auch zu, also musste alles genießbar sein. Zu exotisch brauchte es nicht sein, und vieles war für mich undefinierbar; aber probieren geht über studieren. Manches sah in rohem Zustand gar nicht gut aus, doch nach einem Bad in siedendem Öl, verfeinert mit Gewürzen und Gemüsen, duftete und schmeckte es gut. Dinge, die selbst nach der heißen Behandlung für mich noch unangenehm rochen, ließ ich nach einem kurzen Geschmackstest weg. Aber Mehlwürmer, Hund, Schlange, Heuschrecken und so manche fette Made hat mir wohl Proteine geliefert. Die köstlichen Duft verströmenden Fleischspieße ließen mir natürlich das Wasser im Munde zusammenlaufen und hätten mich schwach gemacht, wenn der Standbetreiber nicht so wahnsinnig unfreundlich rübergekommen wär. Und da vieles andere wirklich hervorragend schmeckte, etwa knusprig gebratener Fisch im Salzmantel und Hühnchenfleisch mit verschiedenen Gemüsen und Nüssen – ja, auch das gab's – wandte ich dem Mann am Spieß den Rücken zu.

Tatsächlich eigneten sich die Nachtmarktbesuche ebenfalls erstaunlich gut, um meine Sprachkenntnisse zu vertiefen – und nicht nur die chinesischen. Mein Englischwortschatz wuchs ebenso wie der chinesische. Für mich waren die Abende auf dem Nachtmarkt aber nicht nur für die Nahrungsaufnahme und das Sprachtraining wichtig, sondern auch für das Soziale. Ich hatte kaum noch Kontakt zu den alten Freunden, unsere Leben waren einfach zu unterschiedlich verlaufen, mit Sven mailte ich hin und wieder, aber ich hatte nun mal selten etwas Neues zu berichten, den hundertsten Trainingsbericht, darauf hatte sicher niemand Lust. Auch mit Alissa lief die Beziehung auf Entfernung nicht wirklich gut, die wenigen Wochen, die wir ein Paar gewesen waren, schienen nicht zu reichen. Aber Schluss machen wollten wir anscheinend nicht, dafür brauchte man wohl auch räumliche Nähe. Alissa war nicht weniger ehrgeizig als ich, sie hatte gerade ihr Studium begonnen. Wenn wir uns doch wenigstens hin und wieder sehen könnten … Mit meiner Schwester und den Eltern mailte ich regelmäßiger, sie kannten meine Freunde und hielten mich über alle wichtigen Entwicklungen auf dem Laufenden.

Hier an den bunt erleuchteten und mit Blüten oder Drachenbildern geschmückten Ständen begegnete ich immerhin jungen Leuten – und zwar aus der ganzen Welt, unter ihnen viele Sportler. Nur wenige von ihnen gönnten sich einen längeren Aufenthalt als ich. Die meisten blieben für knapp drei oder vier Wochen, und nicht alle waren wegen eines intensiven Kampfkunsttrainings hier. Doch über den Sport ergaben sich immer Gespräche. Mit Enrice, einem chaotischen Brasilianer, verabredete ich mich sogar ein paar Mal zum Billardspiel und mit einem Amerikaner zum Basketball. Keine tiefen Freundschaften, die hier wuchsen, aber mal etwas Abwechslung und die Möglichkeit, sich auszutauschen.

Mit denjenigen, die wie ich an der Kampfkunst großes Interesse hatten, fanden rege Diskussionen statt. Welche der hiesigen Kung-Fu-Schulen war wohl die beste, und welcher Stil hatte sich als besonders gut herausgestellt – und überhaupt, welche der zahlreichen Kampfsportarten war die effektivste?

Für mich war Shaolin-Kung-Fu in seiner komplexen Art die schönste der Bewegungskünste. Doch das sagte ich so nicht, ich hielt mich mit solchen Statements gern zurück.

Was bedeutete denn eigentlich die beste Kampfkunst? Stellte man den gesundheitlichen Aspekt, also das Wohl für Geist und Körper in den Vordergrund, oder galt das Augenmerk mehr der Selbstverteidigung? Jeder hatte doch eine andere Vorstellung vom Besten, für mich gab es *die beste Kampfkunst für alle* einfach nicht. Jede Kampfkunst war doch nur so gut wie der, der sie ausübte.

Schon innerhalb einer Kampfkunstrichtung hatte doch jeder Aktive individuelle Stärken und Vorlieben. Im Kung-Fu spezialisierten sich manche auf die perfekte Darbietung von Formen, andere hatten die kulturellen Aspekte für sich entdeckt, und wiederum andere bevorzugten das Training mit unterschiedlichsten Waffen und waren darin hervorragend ausgebildet. Bei mir hatte sich der waffenlose Kampf als Lieblingsdisziplin herausgestellt.

Zurückblickend die vernünftigste Sache, jedenfalls für mich, wenn ich daran dachte, unter welchen Umständen ich mit dem Kung-Fu begonnen hatte. Ich ahnte schon als Junge, dass ich ein Schwert, den Säbel oder Ähnliches eher selten zu einem Einkaufsbummel oder Spaziergang mit mir herumtragen würde. Im Japanischen würde man mir meiner Einstellung entsprechend wahrscheinlich Karate empfehlen, was so viel heißt wie »mit leeren Händen«.

Was für ein großes Glück, dass sich jeder das für sich Passende heraussuchen kann, und diese Freiheit sollte auch jedem Interessierten zugestanden werden. Somit kommt jeder zu dem, was ihn am meisten fasziniert und seinen Fähigkeiten am ehesten gerecht wird. Deshalb wage ich einfach mal zu behaupten, dass es keinen Meister gibt, der in allen Bereichen dieser vielfältigen Bewegungskünste gleichermaßen gut geschult ist. Das Wissen darüber ist die eine Sache, die praktische Umsetzung eine ganz andere; wohl deshalb reicht ein Leben nicht aus, Kung-Fu in seiner Gänze zu erfassen. Wenn ich für mich die Dinge herauspickte, die mich besonders interessierten und die mir gut lagen, so bestand die Möglichkeit, in einigen Bereichen Überdurchschnittliches zu leisten, statt in vielen Dingen nicht über das Mittelmaß hinauszukommen.

Wenn ich auch selbst noch immer auf der Suche nach so mancher Antwort war, wurden in diesen Gesprächen mit mehr oder weniger Gleichgesinnten auch Fragen an mich gerichtet. Das gefiel mir und regte mein Denken an.

Unweigerlich führte bei den lockeren Gesprächsrunden auf dem Nachtmarkt das Thema irgendwann zum Buddhismus. Dass ich konsequenterweise zu diesen Lehren gewechselt war, erstaunte einige. Aber sie nahmen es durchaus wohlwollend auf. Denn der Buddhismus war nach den Vorstellungen der meisten jungen Leute eine »gute« Religion. Sie stutzten dann aber doch kurz, wenn ich den Buddhismus mit den besten Kampfkünsten verglich: Meiner Meinung nach war eine Religion eben auch nur so gut wie derjenige, der sie ausübte. Für mich eine durchaus klare Sache, denn würden sich alle an die Empfehlungen ihrer jeweiligen Religionen halten, müsste es meines Erachtens deutlich weniger Elend und Kriege auf der Erde geben. Aber so einfach konnte die Sache wohl nicht sein, wie die Welt-Nachrichten jeden Tag zeigten.

Vor allem deutsche Kampfsportler, die ich kennenlernte, wollten jedes Mal wissen, ob ich das traditionelle Kung-Fu oder modernes Wushu lernte. Ich erzählte dann, dass ich vier Jahre lang in einem Shaolin-Kloster zugebracht hatte und dort überwiegend von einem chinesischen Shaolin-Mönch ausgebildet worden war. Die späteren Shaolin-Lehrmeister, die ihre Orden zwar verlassen hatten, unterrichteten dennoch traditionelles Shaolin-Kung-Fu. Und was die sportlichen Belange anging, unterschied sich der Kung-Fu-Unterricht am College in Dengfeng nicht gravierend vom Training im Shaolin-Tempel, auch wenn sich die Schule insgesamt als »Wushu« College verstand und in verschiedenen, »äußeren« und »inneren« Kampfkünsten ausbildete. Ganz klar fehlte hier die religiöse Verankerung im Schulischen, was aber nicht bedeutete, dass es nicht viele Lehrer und Schüler gab, die ihr Leben nach der buddhistischen Lehre ausrichteten.

Mir schien das mit der Frage nach dem Traditionellen so ein Ding der Deutschen zu sein. Nirgendwo in China hatte ich einen Lehrer oder Meister getroffen, der von Tradition gesprochen hatte. Was zählte, war die Leistung, die der Einzelne erbrachte. Daran orientierten sich die Meister und verschafften sich so ein Bild von dem Schüler. Die bisherige Ausbildung, die Nationalität, das waren Nebensachen.

»Was ist denn überhaupt der Unterschied zwischen Kampfkunst und Kampfsport?«, fragte mich Marc, der Basketball-Spieler aus den USA. Wir saßen auf einem Mauervorsprung nahe einem Stand mit diesen hübschen roten Ballonlampen, an dem es warmen Tee gab. Marc, dessen Mutter aus Hamburg kam, wie er erzählte, sprach fast fließend Deutsch.

»In Europa hat das Boxen, also der Faustkampf, wie man das früher nannte, eine lange Tradition. Heute gibt es natürlich noch mehr Kampfsportarten, Ringen, Judo …«, sagte ich. »Kampf*kunst* meint wohl mehr die asiatischen Varianten.«

»Und wie unterscheiden die sich vom Kampfsport? Was daran ist denn so anders?«

Eine einfache Frage von Marc, aber wie sollte ich sie beantworten? Ich nippte an meinem noch dampfenden Tee. »Als Kampfsportarten würde ich solche Sportarten bezeichnen, die darauf abzielen, einen Gegner im Wettbewerb kampfunfähig zu machen, also außer Gefecht zu setzen. Bei diesen Sportarten sollen effiziente Bewegungsabläufe und spezielle Techniken einen raschen Sieg herbeiführen. Die haben also reduzierte Abläufe, was jetzt nicht heißen soll, dass die simpel sind. Die verzichten lediglich auf das ganze Drumherum.«

»Und was ist das für ein *Drumherum*?« Er lachte.

Ich musste auch lachen. »Ja, also ein Großmeister oder Gelehrter würde das vielleicht anders bezeichnen. Also Kampfkünste sind viel komplexer. Der Begriff lässt ja schon an anderes denken und nicht nur an Wettkampf, K.o.-Schlagen und Gewinnen.«

»Stimmt«, sagte Marc. »Eine Kunst soll betrachtet werden, ist etwas Schönes.«

»Schon. Aber die Zielsetzung des Kampfsports, also das Besiegen des Gegners, ist durchaus mit der der Kampfkunst vergleichbar. Kampfkunst ist aber mehr«, sagte ich. »Und allein um hin und wieder bei einem Kampf betrachtet zu werden, üben sicher nicht so viele Kampfkünstler über Jahre und Jahrzehnte abgeschottet in Klöstern oder Schulen. Und das würde auch dem buddhistischen Pfad von uns Kung-Fu-Leuten widersprechen. Eitelkeit ist eher keine Tugend, schon gar nicht eine für einen Shaolin.«

Während ich die vorbeischlendernden Touristen und die vorübereilenden Chinesen beobachtete, fiel mir ein Sprichwort ein.

»›Alle Kampfkünste der Welt sind unter der Sonne Shaolins entstanden‹, sagt man.« Und um Marcs große fragende

Augen noch etwas größer werden zu lassen, erklärte ich: »Die Kampfkünste haben sich schon 500 v. Chr. in Indien und China entwickelt. Shaolin-Kung-Fu ist eine Kombination von gesundheitsfördernden Bewegungsabläufen, Selbstverteidigung und einer besonderen Ausrichtung des Glaubens. Und das ist eben viel komplexer als beim Boxsport etwa.«

»Und warum machst *du* Shaolin-Kung-Fu, also Kampfkunst?«, fragte Marc.

Och, der ließ aber auch nicht locker …

»Also Boxen oder so wäre nicht meins, immer nur draufhauen bis zum K.o. Ich mag es am Shaolin-Kung-Fu, dass es unerschöpfliche Quellen an Stilen und Formen gibt, mehrere Leben würden nicht ausreichen, um sie zu erlernen. Und trotzdem versuche ich, im eigenen Dasein so viel wie möglich davon aufzunehmen.«

Marc schaute mich leise nickend an … oder schüttelte er seinen Kopf vor Unverständnis?

»Ich möchte mich verteidigen können, aber ich möchte niemandem schaden. Ich möchte mehr aus meinem Leben machen als nur arbeiten, um Geld zu verdienen. Ich bewundere die Shaolin-Meister, die nicht aufhören zu üben, um Körper und Geist in Einklang zu bringen. Und es ist auch eine hohe Kunst, seine Fertigkeiten weiterzuvermitteln.«

»Also für mich klingt das irgendwie strange«, meinte Marc und grinste. »Du schindest dich ja ganz schön dafür, was du so erzählst.«

»Der Geist gibt die Kraft, der Körper ist das Werkzeug, sagte mal ein junger Novize.« Jetzt grinste ich ebenfalls, und zwar über meinen Spruch. *Meinen* Spruch. Als Shi Xiao Feng hatte ich es mal so formuliert, und ich fand immer wieder, da war was dran. Jetzt auch wieder.

»Aber komm, wer zertrümmert denn schon freiwillig Eisenplatten auf seinem Kopf?« Marc wollte mich provozieren. Auch wenn wir uns noch nicht lange kannten, musste er verstanden haben, dass das nicht mein Stil war. Aber wie sollten die Laien wissen, dass dieses Show-Kung-Fu, das man hier allerorts sah, eine andere Sache war als das eigentliche Shaolin-Kung-Fu. Heute wurde unter dem Namen Shaolin auch eine ganze Menge Mist vermarktet. Und daran trugen nicht nur die Schulen in Dengfeng Schuld.

Wieder fiel mir ein Spruch ein, ein uralter Spruch von meiner Großmutter. Im Wohnzimmer an der Wand hing er gerahmt und hatte die ganze Familie immer wieder erheitert.

»›Als Gott die Welt erschuf, gab es nur einen Punkt, an dem wirklich alle gleichermaßen zufrieden waren. Es war, als Gott den Verstand verteilte und ein jeder meinte, genug davon abbekommen zu haben‹«, gab ich zum Besten.

Marc lachte, jetzt aber eindeutig verunsichert.

»Na, sicher bietet irgendein geldgieriger Exshaolin in Deutschland oder den USA auch Shaolin Step Aerobic oder Shaolin-Bauchtanzkurse an und behauptet, eine gute alte Tradition fortzusetzen«, sagte ich, und wir mussten beide lachen.

Ein kleines Stück Heimat in der Fremde

Der anspruchsvolle Schulalltag, der scheinbar so verlief, als würden sich anstrengende Bewegungsabläufe nur mit der Nahrungsaufnahme abwechseln, bot tatsächlich viel mehr. Täglich lernte ich Neues, machte neue Erfahrungen und gewann neue Erkenntnisse. Deshalb waren es nur die wenigen Minuten, wenn wirklich Ruhe einkehrte, in denen ich mich hin und wieder einsam fühlte. Das konnte selbst das E-Mailen mit meiner Familie und den wenigen verbliebenen Freunden und natürlich mit Alissa nicht wettmachen. Und die Abende auf dem Nachtmarkt mit ein paar netten jungen Leuten auch nicht.

Wie froh war ich, dass das Trainieren mit Meister Jia so angenehm und lehrreich blieb. Wir verstanden uns mittlerweile so gut, dass sich aus dem Lehrer-Schüler-Verhältnis eine echte Freundschaft entwickelt hatte. Er wusste, dass ich die ganze Unternehmung sehr ernst nahm und war daher selbst überaus motiviert, mich entsprechend zu fordern und zu fördern. Meister Jia war feinfühlig und spürte, wenn ich mal einen Durchhänger hatte. Dann überredete er mich zu einem gemeinsamen Ausflug oder lud mich mal zum Essen ein. Beim Training am nächsten Tag war er ganz professionell, aber wieder der unnachgiebige Meister Jia, der höchste Leistungen erwartete. Aber da er ein Familienleben hatte und ich in der Schule ansonsten kaum Anschluss fand, machte ich mich in den freien Stunden immer öfter allein auf den Weg.

So auch an diesem Abend, als ich über den Nachtmarkt schlenderte, auf der Suche nach bekannten Gesichtern, vielleicht dem Australier, mit dem ich mich am Abend zuvor unterhalten hatte, oder der deutschen Sportgruppe aus Bayern, deren Trainer mich neugierig angequatscht hatte. Als ich in Gedanken noch mal das heutige Training Revue passieren ließ, kamen mir vier, fünf junge Chinesen entgegen. Ich stockte. War das nicht …? Ich drehte mich noch einmal nach der Gruppe um und sah in das Gesicht von Shi Yan Xiu, meinem chinesischen Meister, der mich fast vier Jahre lang, zuerst im Kloster in Kaiserslautern und dann in Otterberg, ausgebildet und gequält hatte. Ich hatte das Gefühl, dass unser gemeinsames Strahlen die gesamte Umgebung erhellte. Was für ein Zufall! Tausende Kilometer von der Heimat entfernt, begegneten wir uns auf dem Nachtmarkt in Dengfeng wieder. Verrückt. So klein konnte die Welt sein.

Die Wiedersehensfreude ließ mein Herz höher schlagen, und sofort fingen wir an uns auszufragen, auf Deutsch, Englisch und Chinesisch, alles durcheinander. Als erste Neuigkeit bekam ich zu hören, dass Shi Yan Xiu bald nach mir ebenfalls das Kloster in Deutschland verlassen hatte und zum chinesischen Tempel zurückgekehrt war. Wir hätten uns also schon dort über den Weg laufen können. Aber der Zufall wollte es anders. Seine Begleiter, ebenfalls Mönche des Shaolin Tempels, hörten aufmerksam zu, als wir von unserer gemeinsamen Zeit in Deutschland erzählten. Da wir mitten im Getümmel standen, schlug ich vor, weiterzuziehen und uns eine ruhigere Ecke zu suchen. Fast drei Stunden lang redeten wir ohne Punkt und Komma, dann mussten die Jungs zurück ins Kloster, und auch für mich wurde es Zeit, mich auf den Heimweg zu machen. Schnell noch Telefonnummern und E-Mail-Adressen austauschen, damit nicht wieder Monate vergehen mussten, bevor wir uns erneut trafen.

Vier Jahre hatten wir gemeinsam in Deutschland verbracht. Dieses Wiedersehen hinterließ ein wunderbares Gefühl, so als hätte mich jemand aus der Heimat besucht. Kaum auszudenken, wenn ich heute nur wenige Minuten später über den Markt gegangen wäre oder einen ganz anderen Weg eingeschlagen hätte.

Mit dem Wissen, dass Shi Yan Xiu nicht sehr weit entfernt lebte und ich ihn jederzeit erreichen könnte, fühlte ich mich nicht mehr ganz so einsam. Wann immer die Möglichkeit bestand, trafen wir uns, ansonsten telefonierten wir miteinander; es gab so viel, was wir zu bereden hatten. Keines der Treffen mit Shi Yan Xiu verging, ohne dass er nachfragte, ob ich nicht auch ins Shaolin-Kloster kommen und wieder mit ihm trainieren wollte. Dort hatte er schon von unserem Wiedersehen erzählt, und man war bereit, mich aufzunehmen.

Im ersten Moment ein durchaus reizvoller Gedanke. Ich beim Training im Shaolin-Tempel in China, vermutlich mit etlichen ehrwürdigen Meistern um mich herum. Aber das war es nicht, was ich wollte. Ich hatte das Kloster verlassen, um frei zu sein in meinen Gedanken und meinem Handeln. Und irgendwelche besonderen Auszeichnungen waren auch kein schlagendes Argument für mich. Ich wollte bei mir und meiner Entscheidung bleiben. Und so antwortete ich mit einem klaren Nein, als Shi Yan Xiu nicht locker ließ.

Tue, was du willst, aber nicht weil du musst – diese Worte trieben mich an. Sicher ein kleiner Vorteil meinen chinesischen Mitschülern gegenüber, die mit Sicherheit nicht alle freiwillig das College besuchten. Diese Worte waren es, die mich ins Shaolin-Kloster gebracht und wieder hinausgetrieben hatten, und jetzt ließen sie mich erst einmal hier verweilen. Wie dankbar konnte ich sein, dass ich die Möglichkeit hatte, fernab von wirtschaftlichen Zwängen meinen Weg beschreiten zu können. Dadurch verzichtete ich natürlich auf so manche Annehmlichkeit, aber das zählte weniger als das Gefühl, sein Leben so weit wie möglich selbst zu bestimmen.

Einer Einladung Shi Yan Xius, mit ihm den Tempel noch einmal gemeinsam zu besichtigen, folgte ich gern.

Und diesmal konnte ich auch stärker verspüren, was diese altehrwürdige Wirkungsstätte ausmachte, aber eine Sehnsucht nach einem neuen Leben im Kloster kam dennoch nicht auf.

Es lag wohl daran, dass ich mir inzwischen sicher war, auch außerhalb von Klostermauern meine Fähigkeiten in den Kampfkünsten weiterentwickeln und den Buddhismus in mein Leben integrieren zu können. Inzwischen wusste ich von einigen Meistern, die den Gedanken Shaolins in sich trugen, das Kloster aber dennoch verlassen hatten, ohne ihre Einstellung und ihren Weg aufzugeben.

Sehnsucht

Drei Monate lang lebte ich nun in Dengfeng, der Herbst hatte sich endgültig verabschiedet, was vor allem bei meinen morgendlichen Rundläufen zu spüren war. Ich lief im Dunkeln bei etwa null Grad los, gegen Mittag stiegen die Temperaturen allerdings wieder an, manchmal sogar bis 20 Grad. Vielleicht wegen der angenehmen Tagestemperatur hatte ich die Morgenkälte unterschätzt und mich nicht warm genug angezogen. Ich fing mir eine heftige Erkältung ein.

Nach ein paar Tagen mit Fieber und reduziertem Training fühlte ich mich immer noch krank. Aber ich wollte das erreichte Trainingsniveau auf keinen Fall riskieren. Nicht mehr nur ich, sondern auch Meister Jia hielt jetzt immer öfter respektvoll Abstand beim Zweikampf, wir mussten aufpassen, dass vor lauter Respekt voreinander die Distanz zwischen uns nicht zu groß wurde und ein Kämpfen unmöglich. Will sagen, ich befand mich auf einem guten Weg. Da konnte ich eine Erkältung wirklich nicht gebrauchen.

Und eine gebrochene Rippe schon mal gar nicht. Aber halt, der Reihe nach. Ich hatte mich mit einem Australier und einem Amerikaner, die seit Kurzem ebenfalls das College besuchten, für den Abend verabredet – zu einem Trainingskampf. Jayden, der amerikanische Kollege, aus den Südstaaten stammend, hatte beim Kennenlernen in der Kantine reichlich von seiner Kampfkunsterfahrung erzählt und war sehr daran interessiert, mit mir ein Kämpfchen zu starten. Der »Aussi« Ben, weniger vom Kämpfen angetan, wollte für uns den Mattenrichter mimen und die Zeit nehmen.

Wegen meiner anhaltenden Erkältung würde ich aber viel lieber aufs Zimmer gehen, mich ins Bett legen, ein Buch lesen oder mich einfach nur ausruhen. Ich fühlte mich unendlich schlapp. Und beweisen, dass ich nicht kneife, musste ich niemandem mehr. Aber versprochen war versprochen, und so machte ich mich, ganz entgegen meiner Art, ohne viel Freude auf den Weg zur Halle.

Jayden und Ben warteten schon auf mich, und während sich die »Südstaaten« schon einmal warmliefen – ich verzichtete darauf, um keine Kraft zu verschwenden, versuchte der »Aussi« mich mit Scherzen aufzuheitern.

Endlich hatte der »Cowboy« seine Betriebstemperatur erreicht und erwartete mich, seinen Körper schön in Bewegung haltend, zum Kampf. Drei Minuten setzten wir für jede Runde an. – Keineswegs übermotiviert wich ich den ersten Schlägen und Tritten dennoch geschickt aus und wurde übermütig, ließ mich sogar auf die Flaxerei mit dem »Aussi« ein, der wie ein Ringsprecher um uns herumlief und witzige Kommentare machte. Und dann rief er lachend: »Kampf ist Meditation, immer im Hier und Jetzt sein.« Und zack, hatte mir Jayden im Hier und Jetzt einen äußerst schmerzhaften Tritt gegen die Rippen verpasst. Die Luft blieb mir weg – ein mehr als nötiger Weckruf an meine Konzentration. Im Kampf wurde nun mal jede Unachtsamkeit sofort bestraft. Immerhin ließ mich der Schmerz in der Rippengegend meinen fiebrigen Kopf, den Husten und das matte Allgemeinbefinden vergessen. *Natürlich gebe ich nicht auf, aber lange darf das hier auch nicht gehen.* Das hatte ich vielleicht in Sekunde 75 gedacht. In Sekunde 76 war der Kampf dann vorbei. Mit einem Kick zum Kopf, ganz ohne viele Sperenzchen, hatte ich den Trainingspartner ausgeknockt. »Australien« war begeistert, weil der Kick so überraschend gekommen war und hervorragend gesessen hatte; »Amerika« lag auf der Matte und mochte wegen der einsetzenden Kopfschmerzen nicht weitermachen. Und da sagen manche, dass Kicks zum Kopf im Kampf nicht taugen.

Wegen des Schmerzes in den Rippen, der mir auch nach dem Kampf noch die Luft zum Atmen nahm, wollte ich lieber zum Röntgen ins Krankenhaus, hatte doch Schiss bekommen, dass da etwas zu Bruch gegangen war. Noch eine Minute gemeinsames Rumalbern, dann machte ich mich auf den Weg.

Mit der Gewissheit, dass alles heil geblieben war, und dem Wissen, dass diese schmerzhafte Stauchung mich noch einige Zeit beschäftigen würde, ärgerte mich auf dem Rückweg nun, dass ich mit 76 Sekunden für den Kampf eben 16 Sekunden über dem lag, was mein Idol aus Kindertagen für sich stets als Limit eines Kampfes angesetzt hatte.

Seit meinem Einzug in das Shaolin-Kloster Kaiserslautern vor fünf Jahren hatte ich meine Geburtstage nicht mehr im Kreis der Familie oder mit den Freunden in Solingen gefeiert. Die Feierei war mir auch noch nie wichtig gewesen. Jetzt stand also mein 22. Geburtstag an, und mit einer Überraschungsparty war in China zum Glück nicht zu rechnen. Meister Jia gratulierte mir freundlich, und schon ging es mit dem Training los. Ganz nach meinem Geschmack also.

Schade nur, dass ein angekündigtes Paket aus der Heimat nicht den Weg zu mir fand. Dabei sollte es bereits in Dengfeng sein, aber es war bei der Poststation einfach nicht aufzufinden. Frühere Pakete waren immer problemlos angekommen, ausgerechnet zum Geburtstag sollte es nicht klappen? Wie die Nachforschungen in China ergaben, lag die Ursache dafür darin begründet, dass in Deutschland sehr viel Schnee lag!? Das Paket sollte aber nach Auskunft der Post in Deutschland bereits in Dengfeng sein, und hier war kein Schnee gefallen.

Das Paket blieb verschollen. Vielleicht schürte dieses verloren gegangene Geschenk aus der Heimat und das näher rückende Weihnachtsfest die Sehnsucht nach zu Hause, ich weiß es nicht. Auch wenn ich es gelernt hatte, mich auf die schönen Dinge zu konzentrieren und die weniger schönen als gegeben hinzunehmen, schmerzte der Gedanke, zu Weihnachten nicht nach Deutschland zu können. Es wäre mein erstes Weihnachtsfest, das ich nicht im Kreise meiner Lieben verbringen würde.

Je stärker mir bewusst wurde, dass ich Heiligabend wohl allein in China verbringen musste, desto häufiger kamen mir Erinnerungen an vergangene Weihnachtsfeste in den Kopf. Die Stimmung, das Zusammensein mit den Menschen, die mir am meisten bedeuteten, und die lustigen Spiele, die wir vor der Bescherung machten. Und dann kam auch noch der Gedanke an die nach altem Familienrezept gefüllte Weihnachtspute dazu. Mal wieder ein richtiges Stück Fleisch genießen können und zu spüren, wozu die Zähne eigentlich da waren. Fleisch oder Fisch bekam ich beim hiesigen »Zufüttern« zwar ebenfalls, aber alles war in mundgerechte und für Essstäbchen oder Finger-Food-Spieße geeignete Happen zerkleinert. Eine dicke Scheibe Bratenfleisch, das wäre eine feine Sache. *Leben ist leiden*, dachte ich und schämte mich, weil mir in diesem Moment durchaus bewusst war, dass es weitaus schlimmere Arten des Leids gab.

Wenn ich durch die Gassen Dengfengs lief, sah ich nicht selten Leute, die in völlig zerschlissener Kleidung rumliefen oder die rappeldürr waren. Und das bestimmt nicht, weil sie übermäßig Sport trieben oder zu gesund lebten. Vielen Jüngeren schien es recht gut zu gehen. Einer, ein Englischlehrer, mit dem ich hin und wieder ein Pläuschchen hielt, wenn wir uns trafen, fuhr gern mit seinem schicken Geländewagen rum. Aber viele Alte machten einen echt ärmlichen Eindruck.

Wie rundum gut es mir im Grunde ging! Diese wirklich ekelhafte Erkältung mit wiederkehrenden Fieberschüben mal ausgenommen.

Eines Nachmittags kam Meister Jia vorbei. Er erzählte, dass ein Fernsehsender bei der Schule angefragt hatte, ob ein guter Schüler Lust habe, in einer Gameshow aufzutreten.

Dass Meister Jia dabei an mich dachte, schmeichelte mir, und ich empfand es als Anerkennung meiner bisherigen Leistungen. Immerhin lenkte diese Nachricht auch von den trüben Gedanken an ein einsames Weihnachtsfest ab, die mich immer häufiger überfielen. So brauchte ich keine lange Bedenkzeit und sagte diesem Event zu.

China ist nun mal ein wenig größer als Deutschland, und so nahm die Anreise zur Aufzeichnung der Fernsehshow reichlich Zeit in Anspruch, denn diese fand in Nanjing statt. Den Flug, die zwei Hotelübernachtungen und das Essen bekam ich von dem Sender bezahlt. Start der Reise war am 22. Dezember, und die Rückreise war für den 24. Dezember vorgesehen. Schade, ein wenig Hoffnung hatte ich schon gehabt, damit die Weihnachtstage ausfüllen zu können. Nun war absehbar, dass ich Heiligabend pünktlich zurück in Dengfeng sein würde. Ich sah mich mal wieder allein durch die Straßen streunen, und bestimmt würde es hier nicht so weihnachtlich zugehen wie in Deutschland. Alle Schüler, selbst weithergereiste, die Weihnachten feierten, wollten die Festtage natürlich bei ihren Familien verbringen und nahmen Urlaub.

Dann mailte ich mit Papa, der es unvorstellbar fand, dass wir Weihnachten als Familie nicht komplett feiern würden. Und wie er nun mal ist, suchte er nach einer Lösung, die uns allen besser gefiel. Er wollte nachschauen, ob er nicht einen Flug fand, der mich nach der Fernsehaufzeichnung für einige Tage nach Deutschland bringen könnte. Die Aussicht auf Weihnachten unterm Familienbaum ließ meine Sehnsucht nur noch wachsen. Aber dann die Enttäuschung, alle Maschinen waren an den Feiertagen rappelvoll, und was noch an freien Plätzen – in der First Class – zu haben war, sprengte unseren finanziellen Rahmen. Weihnachten auf dem Nachtmarkt rückte wieder näher.

In einer E-Mail vom 20. Dezember, also zwei Tage vor dem Flug nach Nanjing begann Papa seine Nachricht ganz lapidar damit, dass in Deutschland sehr viel Schnee liegen würde. Zudem hätte er bis zu einem halben Meter lange Eiszapfen gesichtet und fotografiert. Und er schrieb und schrieb, um dann am Schluss der Nachricht damit rauszurücken, dass er für mich einen Flug für den ersten Weihnachtstag gefunden hatte. Eine eher umständliche Verbindung, dafür finanziell erschwinglich. Er fügte dem nur noch hinzu, dass er nun auf ein Okay von mir warte, um den Flug zu buchen.

Hallo? »Jaaaaaaaaaaaaa! Buchen, sofort!!!«, antwortete ich.

Die Aussicht auf ein Weihnachten mit meiner Familie hatte auch einen grandiosen Einfluss auf den Gesundungsprozess, die Erkältung verzog sich im Nu.

Papa und ich verabredeten noch, dass mein weihnachtliches Erscheinen unser Geheimnis blieb und ich sozusagen als Überraschungsgast auftauchte. Aller E-Mail-Verkehr zu den weiteren Planungen, wie ich von Düsseldorf nach Solingen kam etc., war von nun an topsecret und blieb es – selbst als es Mama und Nadine von Stunde zu Stunde schlechter ging, weil sie mich sehr vermissten und sich ein Weihnachtsfest ohne mich gar nicht vorstellen konnten.

Meine Weihnachtsreise

Ich startete meine Reise mit großem Gepäck, erste Station Nanjing, schließlich hatte ich am nächsten Tag noch so ganz nebenbei den Fernsehjob zu erledigen. Inzwischen hatte ich auch mehr über den Ablauf und meine Aufgabe vor der Kamera erfahren.

Zwei weitere Personen und ich würden einem Studiopublikum und einem Rateteam vorgestellt. Wir sollten als unterschiedliche Akteure ausgegeben werden, ich mit meiner wahren Berufung, als Kung-Fu-Kämpfer, die anderen mit falschen Tätigkeiten. Das Rateteam musste sagen, wer von uns dreien in seinem »Job« echt sei.

Und so lief es dann wohl auch mit viel Juchei, Geblinke und Getöse ab. Ehrlich gesagt, verstand ich während der ganzen Sendung nur Bahnhof. Aber den Zuschauern schien es sehr zu gefallen, ständig gerieten sie aus dem Häuschen.

Zum Glück durfte ich nach dem ersten Vorstellen noch einmal hinter der bunten Deko verschwinden und machte backstage ein paar Übungen zum Aufwärmen. Ich hatte mir eine kleine Choreografie zurechtgebaut, die mit Sprüngen, Kicks, Spagat und so was daherkam. Längst war mir klar, dass derartige Shows für mich nicht unbedingt das Richtige waren. Doch da musste ich jetzt durch.

Bei der Enge im Studio musste ich dann mehr darauf achten, dass ich mich nicht noch vor der Heimreise verletzte, als auf das, was ich vorzeigen wollte. Der ganze Spaß meiner Vorführung dauert vielleicht eine knappe Minute. Und ich erhielt ordentlich Applaus – die Hälfte der Leute glaubte mir, dass ich ein echter Kung-Fu-Kämpfer war; die Leute wollten wohl auch mehr sehen, aber ich hatte keine rechte Lust auf weiteren Jux. Die Moderatorin und der Moderator alberten rum, die Unterhaltung mit mir fand auf Chinesisch und Englisch statt. Ein »Showkampf« mit dem Moderator sollte die Stimmung halten, ich kam nicht drum herum, ich musste noch einmal mitspielen.

»Arme anlegen und nicht benutzen« hieß die Anweisung an mich. Als der Moderator auf mich zustürmte, hob ich mein Bein und hielt den Fuß vor sein Gesicht. Natürlich ohne ihn treffen zu wollen. So wurde er sanft gestoppt, und nun durfte ich auch die Beine nicht mehr benutzen, sondern nur noch hüpfen. Dann hüpfte ich eben einmal los, stupste ihn an, sodass er ins Taumeln geriet. Das Publikum tobte. Ich wollte nur raus aus dem Studio.

Eine stundenlange Anreise und langes Warten für wenige Minuten Action und mehr Blödsinn als sonst was. Das war wirklich nicht mein Ding, musste ich nicht noch einmal haben. Aber immer noch besser als jetzt allein in Dengfeng zu sein.

Wie ich später erfuhr, waren die Einschaltquoten enorm – jedenfalls für deutsche Verhältnisse. Kein Wunder, eine chinesische Kleinstadt hat mal eben ein paar Millionen Einwohner. Ich kannte in der Heimat Leute, die mit ihren »Kung-Fu-Kenntnissen« gern auf Stadtfesten oder in Bierzelten auftraten. Für die wäre es bestimmt ein tolles Erlebnis gewesen. Endlich mal im Fernsehen und vor einem Millionenpublikum.

Was war ich froh, als ich endlich im Hotelzimmer meine Ruhe fand. Ich freute mich jetzt nur noch auf zu Hause. Noch einmal schlafen, und morgen würde mich ein Fahrer zum Flughafen von Nanjing bringen. Heiligabend also allein, doch immerhin auf dem Weg nach Hause. Und irgendwie schaffte ich es, fast den ganzen Flug über zu schlafen.

Die Nacht auf den ersten Weihnachtstag verbrachte ich wartend auf dem Pekinger Flughafen. Ich setzte mich irgendwann in eine dieser üblichen Imbissbuden, die an jedem Flughafen zu finden sind, und bestellte mir chinesisches Fast Food. Irgendein Süppchen und irgendein Geflügelgericht und Tee. Zeit mit Essen zu verbringen, darin bin ich geschult.

Vielleicht schon mal die Jahresendbilanz vorziehen, dachte ich mir, seltene Zeit zum ausgiebigen Nachdenken hatte ich hier.

Ich sah mich auf einmal wieder vor mir, in der Novizentracht im Kloster in Kaiserslautern, in den ersten Monaten. Kahl geschorener Kopf als Zeichen eines keuschen Lebens voller Entsagungen, ganz konzentriert auf meinen Weg, die Freude, wenn mal wieder ein großer Shaolin-Meister für eine Zeit zu uns kam und uns unterrichtete, die Verwunderung, wenn man merkte, dass Meister nicht gleich Meister war, nur beim Verneigen vor dem Abt gingen alle gleich tief. Das harte Training und die Freude weiterzukommen auf der einen Seite, dann die aufkommenden Fragen, die fehlenden Antworten, die Zweifel am Klosterleben auf der anderen, und dann die Gedanken daran, dass ich kein keusches Leben führen kann, dass ich es nicht will. Allein schon die Worte »keusches Leben« sorgten bei mir für eine Gänsehaut. Wir lebten doch nicht im Mittelalter, und selbst da ging es wohl normaler zu. Und dann? Das Wissen, dass Shaolin-Kung-Fu mein Leben ist; das Gefühl, dass der Buddhismus in seinen Grundannahmen für mich passt, auch wenn ich kein Mönch sein kann; die Fragen, wie ich meinen Weg gehen kann. Vorbilder gab es bis dahin noch keine oder nur wenige. Shi Yan Lin vielleicht?

Jetzt sah ich mich im Scheibenglas der Angebotstafeln, noch immer der kahl geschorene Kopf, aber sonst erinnerte nichts mehr an den Novizen. Jeans, Pulli, Boots, dicker Schal, weil ich mich nicht wieder erkälten wollte. Ein Kampfkünstler, ein Shaolin im Geiste … War ich es schon, oder war ich noch auf dem Weg?

Ich trank einen der letzten Schlucke Tee und sah mein Spiegelbild zuversichtlich lächeln. Sportlich, meine Fertigkeiten betreffend, hatte ich einen riesigen Schritt nach vorne getan. Selbst wenn es mir mal gar nicht gut gegangen war, hatte ich weitergemacht, stets dazugelernt und mir auf diese Weise nach und nach die Anerkennung einiger chinesischer Schüler verdient. Einer der Jungs, die mich auf dem Nachtmarkt mal blöd angemacht hatte, hatte mich vor ein paar Tagen freundlich gegrüßt. Ich war mir sicher, dass ich die anderen auch noch rumkriegen würde und Beleidigungen wie »blöder Ausländer« bald gänzlich der Vergangenheit angehören würden. Respekt war das Zauberwort, durch meine Leistungen verschaffte ich mir Respekt.

Mein Lächeln verebbte wie der Tee in meiner Tasse. Ich musste mir eingestehen, dass ich nicht nur zufrieden war. Bei meiner Suche nach einer tieferen Einsicht in den gelebten Buddhismus war ich kaum einen Schritt weitergekommen. Mir war es darum gegangen, mit Leuten in Kontakt zu kommen, bei denen der Lebensalltag von buddhistischem Denken, Reden und Handeln bestimmt wird. Ich wollte sehen, erleben und verstehen, wie sie die Lehren in der Hektik des Alltags umsetzten. Aber der erste Fehler bei diesem »Unternehmen« lag eindeutig bei mir, denn wie wollte ich Leute verstehen, deren Sprache ich nicht kannte. An der Lösung dieses Problems hatte ich hart gearbeitet und war gewillt, dies weiter zu tun, die Fortschritte waren deutlich. Aber wie konnte ich es erreichen, auf klare Fragen ebenso klare Antworten zu erhalten? Für jede Lebenslage, so mein Eindruck, gab es für die Buddhisten, die ich bisher gesprochen hatte, die entsprechende Weisheit, die es erst mal zu verstehen galt. Aber machten es sich manche damit nicht nur selbst leicht und zitierten lediglich bekannte Reden, was das Zeug hielt, um sich vor Antworten oder fehlenden Antworten zu drücken. Wussten auch sie es nicht besser als ich? Jene Shaolin, die mit Weisheiten wahrhaftig etwas ausdrücken wollten, waren für mich schwer von den anderen zu unterscheiden. Eine Suche nach der Stecknadel im Heuhaufen.

Selbst nachdenken und nicht Vorgekautes einfach hinnehmen, war das nicht eine Aufforderung von Buddha in seiner Lehre? Hinterfragen, entdecken und tolerant sein, anderen Religionen und Meinungen gegenüber. Schon aus Unkenntnis anderen Religionen gegenüber käme es mir nicht in den Sinn zu behaupten, der Buddhismus sei die beste aller Religionen. Und überhaupt, Religionen. Waren das nicht von

Menschen interpretierte Worte, die das Glauben kompliziert machten und vielfach ausgelegt werden konnten. Ich wollte einfach nur glauben, glauben an die guten Dinge, die schönen – und sie für mich umsetzen.

Und jetzt saß ich in Peking auf dem Flughafen und kam zu dem Schluss: Der Buddhismus ist für mich ein Weg, um gut mit anderen zurechtzukommen und dabei gleichzeitig mit mir selbst im Reinen zu bleiben. Ruhe und Gelassenheit und nach vorne blicken, das gefiel mir, auch wenn sich das nicht immer durchhalten, sondern immer nur wiederfinden ließ. Und endlich hatte ich auch Vorbilder, die Shaolin waren, ohne im Kloster zu leben und mit einer Frau an ihrer Seite. Und da lächelte sogar mein Spiegelbild wieder, und die freundliche Bedienung schenkte mir neuen dampfenden Tee nach.

Mein Magen begann schon wieder zu knurren, der Imbiss war eben nicht mehr als ein Imbiss gewesen. Nach dem Tee würde ich mir eine ruhige Ecke für ein paar Übungen und danach noch einmal etwas Nahrhaftes suchen. Mitbringsel hatte ich bereits in Dengfeng besorgt, aber einen Reisschnaps für Papa könnte ich noch besorgen.

Eine kurze, aber umso schönere Auszeit

Von Peking über Amsterdam nach Düsseldorf, wo mich am ersten Weihnachtsfeiertag Massen an Schnee empfingen, dann war ich im lausig kalten Deutschland. Ich hätte doch auf die Warnungen meines Vaters hören und den Winterpulli anziehen sollen. Dem von Papa beauftragten Fahrdienst, der mich vom Flughafen abholte, gab ich zunächst die auf dem Weg liegende Adresse von Alissa an. Sie wohnte nicht weit von uns entfernt in einem anderen Ortsteil und staunte nicht schlecht, als ich plötzlich vor der Tür stand. Es war eben doch etwas anderes, ob man sich nur E-Mails schrieb oder in den Arm nehmen konnte. Wir machten aus, dass sie später zu mir kommen sollte. Ich ließ mich weiter zum Elternhaus chauffieren und freute mich schon auf die feierlich geschmückte Wohnung. Weihnachten zu Hause zu sein, das war ein wärmendes Gefühl.

Meinen Schlüssel hatte ich natürlich nicht mit nach China genommen, darum musste ich an der Haustür klingeln, auch auf die Gefahr hin, dass ein Teil der Überraschung verloren ging. Doch Papa, eingestellt auf mein baldiges Kommen, war rasch an der Sprechanlage, und ich hörte sein lautes »Nein, wir haben keine Pizza bestellt«. Dann summte auch schon der Türöffner.

Den Zeigefinger an den Lippen winkte er mich durch ins Wohnzimmer, wo Mama auf dem Sofa lag und Fernsehen schaute. Langsam näherte ich mich ihr, da schaute sie auch schon auf und blickte mich verwirrt an, als wäre ich das Christkind persönlich. Ihr Freudenjubel und die festen Umarmungen taten gut. Meine Schwester und ihr Mann kamen nur wenige Minuten später und konnten es zuerst auch nicht glauben, dass ich leibhaftig unter dem Familienbaum saß. »Das ist die schönste Weihnachtsüberraschung, die es geben kann!«, rief Nadine. »Jetzt sind wir doch noch komplett.«

Mama verstand nun auch, warum Papa so viel Bratenfleisch beim Metzger bestellt hatte. Ihre Frage, wer das denn alles essen solle, hatte er beflissen überhört. Sich nur nicht verplappern war seine Devise gewesen, also lieber ganz den Mund halten. Dafür musste ich jetzt Rede und Antwort stehen, wie wir das alles organisiert hatten, warum ich erst heute kam und wie es mir denn so ergangen war die letzte Zeit.

Aber ich wollte gar nicht so viel über China reden, jetzt wo ich hier war. Der Weihnachtsbaum strahlte sein weiches Licht und roch so angenehm. Und selbstverständlich war es wieder ein Baum, der einen großen Teil des Zimmers einnahm. Mama hätte ihn gern kleiner gehabt, aber Papa liebte Bäume. Nicht umsonst war er früher an den Wochenenden immer mit uns in den Wald gezogen.

»Für die Bescherung bist du zwar etwas zu spät«, sagte Papa. »Aber der Weihnachtsmann wollte sich auch dieses Jahr nicht lumpen lassen.« Papa hielt mir ein mit einer Schleife geschmücktes Kuvert hin. Kein Gutschein für einen Klosteraufenthalt, sondern Bares war darin.

Der Bratenduft, der bald darauf durch die Wohnung zog, war an Köstlichkeit nicht zu übertreffen. Und mein »Geheimdienstmann« vor Ort hatte natürlich auch dafür gesorgt, dass von der Heiligabend-Spezialpute auch noch ein gutes Stück für mich aufgewärmt werden konnte.

Mittlerweile war auch Alissa eingetroffen, und wir saßen alle gemeinsam am Tisch. Ich probierte die verschiedenen Fleischsorten und nahm von den etlichen Salaten, damit der Vitaminhaushalt auch stimmte. Bei allem Faible für asiatische Speisen wollte ich jetzt mit keinem Chinesen tauschen.

Nach dem Essen hatten alle Verständnis dafür, dass ich mit Alissa noch ein wenig allein sein wollte. Wir hatten uns so lange nicht gesehen, und es gab einiges zu erzählen. Über Alissas Physiotherapiestudium wusste ich noch so gut wie gar nichts, fiel mir jetzt auf. Sie hatte in den letzten Monaten so viel Neues erlebt, da musste man anscheinend nicht erst nach China reisen. Ein Abend würde nicht reichen, um sich über alle Erlebnisse auszutauschen. Doch ich war ja noch eine gute Woche lang in Deutschland, da hatten wir noch viel Zeit für Treffen.

Beim gemeinsamen Frühstück am nächsten Morgen überraschte mich Alissa mit der Idee, mich im März während ihrer Semesterferien in China zu besuchen. Hey, das war wie ein verspätetes Weihnachtsgeschenk, ich freute mich jetzt schon darauf, ihr den Nachtmarkt zu zeigen, von dem ich ihr bisher nur erzählen und Fotos hatte schicken können. Nach dem Frühstück musste Alissa zurück zu ihrer Familie, für sie standen noch Besuche bei der Verwandtschaft an, aber am Abend würden wir uns wiedersehen.

Ich nutzte den Vormittag und telefonierte mit Bekannten. Sven, der ehemalige Berufsschulkollege und seitdem mein treuester Freund, war freudig überrascht, von mir zu hören, und wollte mich unbedingt sehen. Er war einer der wenigen, die Verständnis dafür aufbrachten, dass ich oftmals nicht zur Verfügung stand und mich manchmal sogar ein paar Monate lang nicht meldete. Aber er nahm mir das nicht krumm, weil er wusste, dass ich hart für meine Kampfkunst arbeitete. Ein echter Freund eben. Auch jetzt bestärkte er mich wieder in meinen Entscheidungen, motivierte mich und stellte sich sogar fürs Training zur Verfügung, weil ich für bestimmte Übungen nun mal einen Partner benötigte. Diese Freundschaft zerbrach nicht daran, dass unsere weiteren Interessen gänzlich anders gelagert waren.

Dieses geglückte Beisammensein mit der Familie und Freunden genoss ich jede Minute. Beim gegenseitigen Erzählen und Zuhören verging die Zeit nur leider viel zu schnell. Wie gern hätte ich die Uhrzeiger angehalten und alles um eine kleine Ewigkeit verlängert. Und je näher das Ende meines Besuchs rückte, desto wehmütiger wurde ich. Ich verspürte wenig Lust, mich wieder auf den Weg nach China zu machen.

Auch im eigenen Bett zu schlafen war doch etwas ganz anderes. Und als ich am letzten Abend in meinem alten Jugendzimmer lag und nur der sanfte Lichtschein vom hellen Mond den Raum schwach erleuchtete, dachte ich einen kurzen Moment darüber nach, was wäre, wenn ich in Deutschland bleiben würde. Eine verlockende Vorstellung. An diesem

Weihnachten war mir klar geworden, dass ich doch sehr an meiner Heimat hing, weil hier die Menschen waren, die ich liebte und die mich liebten, so wie ich war und gleichgültig ob erfolgreich oder nicht. Doch welche Zukunft hätte ich hier? Mit Sicherheit würden etliche meiner vielen Schritte in den letzten Jahren im Nichts verpuffen. Ich würde nicht so trainieren können wie in Dengfeng, würde weder so einen guten Lehrer noch passende Sparringspartner finden. Ganz zu schweigen von der Möglichkeit, der buddhistischen Lebenspraxis näherzukommen, hier gab es im Umkreis von zig Kilometern keine Vorbilder.

Zudem wäre es keine feine Art, sich ohne Verabschiedung einfach so aus dem Staub zu machen. Wohl oder übel, ich hatte noch einiges in Dengfeng zu erledigen. Also auf und zurück in die Zukunft, zurück nach China.

Und mal ehrlich, so schlimm war es dort nicht. Die ersten Wochen waren schwierig gewesen; ansonsten hatte ich viele freundliche Leute kennengelernt und konnte noch von so vielen Menschen etwas lernen.

Die Pflicht ruft, aber das neue Jahr ruft lauter

Wieder angekommen in der fremden Heimat, nahm ich meinen Trainingsalltag wieder auf; aber da auch die Chinesen gern ausgiebig ihre Feste feiern, ließ die nächste Unterbrechung nicht lange auf sich warten. Das Neujahrsfest hat in China einen mindestens so hohen Stellenwert wie für uns Weihnachten. Aus diesem Grund ging es an der Schule ab Mitte Januar auf einmal deutlich ruhiger zu. Es gab keinen chinesischen Schüler, der sich nicht auf den Weg zu seiner Familie machte, um das große Fest zu feiern. Auch ich könne ein paar Wochen frei haben, hatte Meister Jia mir nicht ganz uneigennützig angeboten, natürlich wollte auch er die Feiertage mit seiner Familie vorbereiten und verbringen. Also nahm ich mir eine »Anstandswoche«, in der ich auf Formen, Tai-Chi, Qigong und Kampftraining verzichtete und mich ausschließlich dem eigenen Trainingsprogramm widmete.

Hier und da gab es bald schon kleinere Feuerwerke am dunklen Nachthimmel zu bestaunen. Und wenn ich jetzt abends durch Dengfeng schlenderte, konnte ich zuschauen, wie sich die Stadt für das Fest aufhübschte und welche Vorbereitungen es gab. Überall wurden bunte Girlanden, Papierbänder und rote Lampions aufgehängt. Mit dunkler Tusche waren auf diesen Dekorationen Neujahrssprüche aufgebracht. Sehr deutlich spürte man, dass dieses Fest den Menschen viel bedeutete. Von Meister Jia hatte ich erfahren, dass das chinesische Neujahrsfest im Wesentlichen ein Familienfest ist. Da wurde anscheinend genauso festlich geschlemmt wie bei uns an Weihnachten, und Geschenke machte man sich auch.

Gelegentlich konnte ich auf Plätzen in der Stadt Gruppen sehen, die für Neujahrs-Vorführungen den Löwen- und Drachentanz einübten. Und zwischendurch häuften sich die Momente, wo zu jeder Tageszeit irgendwo Böller losgingen. Genau wie bei uns, wenn das neue Jahr vor der Tür stand. Und ganz China befand sich im Reisefieber, um zu den Verwandten zu gelangen – auf die Schnelle war jetzt kein Ticket für die Bahn oder einen Flieger zu bekommen, wie ich von ein paar Schülern gehört hatte.

Und dann konnte das neue Jahr endlich begrüßt werden: mit einem fast 24-stündigen Megafeuerwerk. Wie im tiefsten Nebel lag Dengfeng eingehüllt in Rauchschwaden da. Fast gespenstig ruhig nahmen sich der normale Straßenverkehr und die Marktgeräusche zum vorangegangenen Feuerspektakel aus. Wie ich die Tage des Festes verbracht hatte? Für mich hatte es keinen Unterschied zu sonst gegeben. Nur, dass die meisten Bekannten nicht aufzufinden waren und ich allein durch die Gegend ziehen musste. Im Hotel waren bis auf die fleißigen Angestellten kaum noch Personen anzutreffen, darum ging ich zum Essen immer raus. Die meiste Zeit verbrachte ich mit dem Training, wann hatte man schließlich schon mal eine große Halle nur für sich. Etwas lesen, einen Actionfilm im Fernsehen auf dem Zimmer schauen, schlafen, das war's. Das Alleinsein machte mir im Grunde jedoch kein Problem, das hatte ich zu Klosterzeiten auch reichlich üben können; viel wichtiger war, sich nicht einsam zu fühlen.

Eine optimale Verbindung

Mit dem Training mit Meister Jia stürzte auch ich mich dann endlich wieder ins Üben, Üben, Üben, alles andere war zweitrangig … Bis Alissas Besuch näher rückte. Sie hatte ihre Idee, mich zu besuchen, tatsächlich in die Wirklichkeit umgesetzt und würde in wenigen Stunden in Zhengzhou landen.

Zu den Leuten, die für die Schule die Anmeldungen ausländischer Schüler entgegennahmen und deren Transfers organisierten etc., hatte ich mittlerweile einen sehr guten Kontakt. Darum konnte ich einen Fahrer überreden, mich gegen Abend zum Flughafen zu bringen.

Übermüdet, aber wie immer mit diesem strahlenden Lächeln im Gesicht, sah ich sie schließlich durch die Flughafenhalle kommen.

Zum Glück war es keine Frage, wo Alissa übernachten würde, wieder ein Vorteil der Hotelvariante, mein Doppelzimmer bot ausreichend Platz. Und hier gab es auch niemanden, der den Frauenbesuch anstößig fand.

Alissa meine Wirkungsstätte, das Epo Wushu College, zu zeigen, machte riesig Spaß. Und sie war beeindruckt, nicht weniger als ich zu Beginn meiner Chinaerfahrung. Das ein oder andere Mal durfte sie beim Training zuschauen, aber ich hatte mir auch die Erlaubnis eingeholt, hin und wieder zu schwänzen.

Also machten wir auch schon mal tagsüber ausgiebige Stadtbummel. Auf der einen Seite tolle Hotels und schöne Geschäfte, auf der anderen Exotisches, wie man es sich eben vorstellt. Und wie bestellt, tanzten zur Mittagszeit die Verkäuferinnen der großen Geschäfte oder vielleicht auch Büroangestellte auf einem der breiten Gehwege zu lauter Popmusik. Die Mittagspause dazu nutzen, den Körper für die weiteren Stunden in Schwung zu bringen, das war hier üblich.

Businessleute mit gleich zwei Handys an den Ohren, feilschende Markthändler, hier schien es rund um die Uhr ums Geschäft, ums Verkaufen zu gehen.

Abends bummelten wir über den Markt, sahen dem lebhaften Treiben zu oder gingen zu einem Spielchen in das Billardlokal, das ich gelegentlich auch allein oder mit Freunden besuchte. Es war ein Treffpunkt für junge Chinesen und Chinesinnen, die sich in kleinen Gruppen einfanden, um an einem der zahlreichen Billardtische zu spielen – und die Stimmung in dem Laden war echt genial. Nur der Zigarettenqualm, fast jeder Gast hatte eine Kippe im Mund hängen, hielt einen davon ab, Stammgast zu werden.

Während des Spiels konnten Alissa und ich uns prima unterhalten und Spaß haben. Sie erzählte von ihrem Vorankommen an der Uni, und ich alberte noch rum, dass wir beide eine optimale Verbindung darstellten. Ich würde in Zukunft bei Kämpfen ordentlich zulangen, und sie könnte die lädierten Knochen dann wieder in Form bringen.

So viele Eindrücke wie möglich sollte Alissa in den zehn Tagen, die sie hier sein konnte, mitnehmen. Und zu sehen gab es mehr als genug. Mal nahmen wir uns ein Taxi, denn mittlerweile kannte ich die Preise für die Strecken und konnte immer noch etwas runterhandeln, oder wir gingen vieles zu Fuß ab. Alissa war wie ich vor allem von der Landschaft sofort angetan, die fremde Kultur hatte auch sie erobert. Alissa machte mit ihrer Kamera unzählige Aufnahmen. Erinnerungen für uns beide.

Erstaunlicherweise hatte ich nicht einmal mein zusätzliches Abendlauftraining, was mir sonst heilig war, vermisst – nur morgens war ich immer zum Laufen aufgestanden, leise, um sie nicht zu wecken. Diese seltene Zeit zu zweit kam mir unendlich kostbar vor – und war leider auch fast schon wieder vorbei.

Früh am Morgen mussten wir uns auf den Weg nach Zhengzhou machen. Dort hieß es wieder einmal, Abschied zu nehmen. Doch mit dem Wissen, dass ich vielleicht im Sommer, spätestens jedoch im Herbst nach Hause käme, fiel die Trennung leichter.

Nahrung für den Geist, Belastungen für den Körper

Nach den gemeinsam verbrachten Tagen mit Alissa fühlte es sich seltsam an, plötzlich wieder allein meine Runden zu drehen. Zu zweit war der Lärm weniger störend, die dauernde Geschäftemacherei auf den Straßen sogar interessant gewesen. Jetzt fand ich das alles wieder lästig, vor allem diese Businesstypen mit den zwei Handys an den Ohren. Aber ich musste zugeben, dass die Chinesen auch verdammt fleißig waren. Okay, von Ruhe und »Tiefe«, wie sie Verwöhnte aus dem Westen hier suchten, waren die Chinesen im Alltag weit entfernt. Aber das lag auch an der bitteren Armut der Menschen, die mussten hart schuften, um Essen kaufen und eine Wohnung bezahlen zu können.

Ich fragte mich bei der herrschenden Hektik allerdings, ob irgendwann einmal Chinesen, die es zu etwas gebracht hatten, nach Deutschland reisen würden, um Ruhe und »Tiefe« zu finden. Eine Umkehr der Kulturen sozusagen.

Gerade in einer Stimmung, wo ich mal nicht verbissen hoffte, Antworten auf tiefschürfende Fragen zu finden, sondern mich genügsam meinem Trainingsprogramm widmete, lernte ich eines Abends einen alten Chinesen kennen, der mich in ein Gespräch verwickelte.

Vollbepackt mit Wasserflaschen, die um einiges günstiger als die im Hotel waren – je nach Trainingsintensität trank ich gleich mehrere Liter pro Tag, sodass sich der Einkauf rechnete –, verließ ich den Supermarkt. Jetzt nichts wie zum Hotel mit dem schweren Einkauf und noch mal in die Halle zum Trainieren, dachte ich. Doch da sprach mich ein alter Mann an, viele Furchen und Falten im Gesicht, aber nicht unbedingt steinalt. Seine langen schwarzen, verfilzten Haare hatte er zu einem Pferdeschwanz zusammengebunden. Der schwarze Anzug war mehr staubgrau, aber mit der Weste und Krawatte auf einem Hemd, das seine weißen Tage auch schon länger hinter sich hatte, trug er ihn voller Würde. Ich versuchte, ihn nicht zu aufdringlich zu betrachten, aber einen Blick auf seine Füße, die in solch schwarzen Leinenschlappen steckten, wie man sie aus diversen Kung-Fu-Filmen kennt, konnte ich mir nicht verkneifen.

»Woher kommst du, Junge?«, fragte er mich in gut verständlichem Chinesisch.

Ich wollte jetzt eigentlich lieber schnell weiter, aber unhöflich sein kam nicht infrage.

Und er fragte immer weiter, was ich in Dengfeng mache,

wie es mir gehe … Inzwischen hatte ich die Taschen mit den Wasserflachen abgesetzt. Der alte Mann war aber nicht nur an meinem Leben interessiert, er begann von sich zu erzählen. Dass er gern einmal reisen würde, fremde Länder sehen, so wie ich. Er erzählte, wie sich sein Leben in den vergangenen Jahren verändert hatte und wie das Land sich verändert hatte. Dass es immer mehr Wohlhabende gab und immer mehr, die betteln mussten. Genau in dem Moment fuhr Jessie, der junge Englischlehrer, in seinem Geländewagen vorbei, hupte und winkte wild. Ja, das waren die Unterschiede.

Der alte Herr erzählte, wie Dengfeng noch vor einigen Jahrzehnten ausgesehen hatte, bevor der große Boom rund um Kung-Fu losgegangen war. Und nicht nur die Stadt, auch die Menschen hatten sich dadurch verändert. Die jungen Leute wären hin- und hergerissen zwischen dem Leben in alten Traditionen und dem vielen Neuen gewesen, eine Sucht nach dem großen Reichtum sei ausgebrochen. Dabei sprach keine Missgunst aus dem alten Mann, weil er es allem Anschein nach nicht zu Wohlstand gebracht hatte. Ganz unaufgeregt und ohne böse Worte schilderte er die von ihm empfundenen Veränderungen; mehr Analyse als Anklage.

Gut zwei Stunden hatte ich mit diesem besonderen Menschen nun vor dem Supermarkt gestanden und mich unterhalten, na gut, Hände und Füße hatten manchmal nachhelfen müssen, so gut war mein Chinesisch ja noch nicht. Und ich hätte das Gespräch gern noch fortgesetzt, aber nun musste ich wirklich los, wenn ich noch mein Abendtraining durchziehen wollte.

Der alte Chinese dankte mir dafür, dass ich mir Zeit genommen hatte. Sei es nun, dass ich aus Deutschland kam, einem Land, das bei ihm wohl hoch im Kurs stand, oder dass ich mich für diese urchinesische Sportart interessierte – er schien sich zu freuen, dass ich ihm zugehört hatte. Den jungen Chinesen fehlte für so einen Plausch wohl die Zeit oder die Lust.

Seltsam. Eigentlich hätte ich mich bedanken müssen, nach so einem offenen Gespräch hatte ich mich lange gesehnt. Was für ein Glück, dass er mich angesprochen hatte, und ohne mich in irgendeiner Weise zu bedrängen und ohne mich wie einen Fremden zu behandeln, sondern wie jemanden, von dem es etwas zu erfahren gab.

Zum Abschied hatte er noch gesagt: »Ich würde dich gern mal zum Essen einladen, wenn ich wieder etwas Geld habe.«

Eigentlich hätte ich ihn einladen müssen, dachte ich im Fortgehen, denn ich hatte sicher mehr Geld in der Tasche; eigentlich … Aber dieser alte Mann hatte so viel Würde, Freundlichkeit und Wärme ausgestrahlt, dass ich niemals auf die Idee gekommen wäre, ihm Geld zuzustecken, obwohl ich sonst gern anderen gab, Bedürftige gab es schließlich viele in der Stadt. Doch dieser alte Chinese war anders. Immer wieder musste ich in den folgenden Tagen an ihn denken.

Beim Morgenlauf mit Meister Jia war jetzt immer Leo dabei, ein Deutscher, der schon seit drei Jahren an der Schule war, sich aber auf die Kung-Fu-Formen konzentrierte und nicht auf das Kämpfen, weshalb er zum Glück auch nicht als Trainingspartner infrage kam, ich wollte schließlich lieber mit Chinesen kämpfen. Aber beim Laufen war es nett, auch mal ein bisschen in der Muttersprache quatschen zu können. Leo, nur wenig älter als ich, wohnte kostengünstig in der Schule, weshalb man ihm fast nie außerhalb der Schule begegnete, seine Eltern unterstützten ihn nur mit dem Nötigsten, er erzählte, dass sie nicht sehr glücklich darüber waren, dass er in China lebte und Kung-Fu lernte. Zumal sie nicht wussten, wohin das alles führen sollte – und Leo wusste es auch nicht. »Vielleicht mach ich mal eine Kung-Fu-Schule in Stuttgart auf«, sagte er. »Aber so weit bin ich noch nicht.«

Ich konnte Leo verstehen, aber ich spürte auch, dass wir trotz gleicher Hingabe ans Kung-Fu aus anderem Holz waren. Leo fehlte manchmal der Biss, hatte ich das Gefühl. So auch, als wir unsere Morgenlaufstrecke erweiterten. Ungefähr fünf Kilometer von der Schule entfernt lag eine kleine Pagode, an der wir schon ein paar Mal vorbeigelaufen waren. 400 Stufen führten zu ihr hinauf. »Können wir die Treppe nicht ins Trainingsprogramm aufnehmen?«, fragte ich Meister Jia. So ein Treppenlauf trainierte noch mal ganz andere Muskelbereiche. Leo sagte nichts dazu, er beschwerte sich nicht, er rief aber auch nicht begeistert »Hurra!«. Meister Jia gefiel die Idee, wenn Leo und ich diesen Part sozusagen vorab allein erledigten.

Also lief ich am nächsten Morgen mit Leo erst einmal allein von der Schule zur Pagode, wo uns Meister Jia für das gemeinsame Weiterlaufen dann treffen wollte. Noch bevor wir die Pagode erreichten, mussten wir stoppen, weil Leo einen Hustenanfall bekam. Ich wusste, dass Leo rauchte, aber ich verkniff mir eine Bemerkung. Er musste selbst wissen, was er tat. Und ihm musste klar sein, dass der Lunge schon der Dreck aus der Luft nicht guttat, wenn man sich schnäuzte, war das Taschentuch anschließend schwarz.

Dreimal die Treppe hoch und runter, hatten wir uns vorgenommen, aber als wir endlich die Stufen erreichten, hatte Leo nicht mehr genug Kraft. Oder nicht genug Willen, wie man es sah. Einmal lief er mit, dann pausierte er. Bevor wir zum dritten Stufenlauf ansetzten, kam Meister Jia auf seinem Motorroller angefahren. Er und Leo gingen die Treppe bis auf halbe Höhe hinauf, dann sollte ich von unten starten und sie sozusagen unterwegs aufgabeln. Doch anscheinend befürchteten sie, schlecht abzuschneiden, denn sie liefen selbst schon los, also ich gerade gestartet hatte. Obwohl ich ganz nett aus der Puste war, gelang es mir, die beiden einzuholen und als Erster wieder unten zu sein. Meister Jia lachte anerkennend, setzt sich auf seinen Roller und fuhr schon mal zur Schule vor.

Ich freute mich, diese Trainingseinheit gut hinter mich gebracht zu haben und wollte diese Strecke samt Stufen auf jeden Fall in mein tägliches Programm aufnehmen. Allerdings musste ich das allein unternehmen und also wieder etwas früher aufstehen, ich konnte Leo und Meister Jia nicht dafür begeistern.

Obwohl ich den Eindruck hatte, fit wie selten zu sein, konnte auch ich mein hohes Trainingspensum nicht jeden Tag erfüllen. Unerklärliche Fieberschübe schwächten meinen Körper immer mal wieder kurzfristig. Dann fand ich nachts kaum Schlaf und wachte am Morgen erschöpft und schweißgebadet auf. Mal war es so schlimm, dass ich nur das Bett hüten konnte, mal verflüchtigte sich die hohe Körpertemperatur so schnell, wie sie gekommen war. Diese Krankheitstage, -stunden kamen und verschwanden ohne erkennbaren Grund. Ich hatte Schnupfen und leichte Halsschmerzen, aber keine anderen Symptome. Der Schularzt gab mir Tabletten und Tropfen und lächelte zum Abschied. Ich könnte bald einen eigenen Arzneivertrieb aufmachen, so selten wie ich die Medikamente nahm, ich vertraute da doch mehr auf eine Mütze Schlaf und auf die Selbstheilungskräfte meines Körpers. Dennoch verunsicherten mich diese Fieberschübe auch. Ich achtete jetzt noch mehr auf die Ernährung, auf mehr Vitamine, und trank noch mehr Wasser, weshalb ich nun jeden zweiten Tag zum Supermarkt ging.

Und jedes Mal hielt ich Ausschau nach dem alten Chinesen. Aber er hatte sich wohl einen anderen Ort zum Verweilen gesucht. Ich hoffte, dass es ihm gut ging. Und dann, Tage später, stand er genauso da, wie ich ihn beim letzten Mal verlassen hatte.

»Komm, Junge«, sagte er, so als ob wir verabredet wären, »da vorn ist ein Lokal, da gibt es eine gute Suppe.«

Kurz darauf saßen wir auch schon in einer jener Garküchen, die draußen drei, vier kleine Tische stehen haben und zwei weitere drinnen, wo das Essen auch zubereitet wird. Und natürlich lud *ich* den alten Mann ein, schon allein wegen der Mengen, die ich verdrücken konnte. Und Hunger hatte ich immer.

Gerade noch einen letzten freien Tisch draußen ergatterten wir; ein wenig in der warmen Sonne zu sitzen würde mir sicher guttun – immerhin fühlte ich mich an diesem Tag nicht ganz so schlapp.

Der alte Mann bestellte sich eine Suppe und ich uns noch ein paar andere Dinge dazu. Auf die Bautze, die dampfgegarten gefüllten Teigklöße mit verschiedenen Soßen, freute ich mich besonders.

Während wir aßen, redeten wir wieder über Gott und die Welt. Wohl weniger über Gott oder Buddha, sondern mehr über Allgemeines und auch wieder mit Händen und Füßen. Dennoch kam bei dem Gespräch heraus, dass er Buddhist ist, und er meinte, dass sich mehr und mehr Chinesen zu diesem Glauben bekennen würden. Nicht unerwähnt ließ er, dass er den Eindruck habe, dass viele den Glauben nicht ernst genug nehmen würden. Auch an diesem Tag hörte ich kein Wort des Klagens oder der Unzufriedenheit; er stöhnte nicht über das, was er nicht besaß, sondern erfreute sich an dem, was er hatte.

Es machte Freude mit dem alten Chinesen, der so weise wie jung geblieben war. Noch etwas mehr von dieser Gelassenheit würde mir sicher gut bekommen. Und ich dachte, als wir für einen Moment schweigend das Essen genossen, dass sich bis auf die gefühlte Freiheit mein Leben nach dem Kloster kaum verändert hatte. Wenn ich etwas besaß, war ich bereit zu teilen, und wenn ich wenig hatte, dann musste ich damit zurechtkommen. Natürlich war es auch mein Wunsch, relativ sorglos durchs Leben zu gehen, aber ich belastete meine Gedanken schon seit Langem nicht mit materiellen Dingen, die ich meinte, unbedingt haben zu müssen. Wenn es sich ergab, gut, dann wollte ich die schönen Seiten ruhig genießen. Dazu gehörten auch die ganz natürlichen Dinge wie die steigenden Temperaturen, jetzt, wo sich der März dem Ende näherte.

Beim Abschied wünschte ich mir den alten Chinesen noch öfter zu treffen, so lange ich hier war. Er war ein Freund geworden.

Treue Seele – »Passt scho«

Meister Jia war als einziger chinesischer Gegner beim Kampftraining übrig geblieben. Und von den Ausländern, die hin und wieder an die Schule kamen, waren nur wenige, die sich in dieser Disziplin messen wollten. Dabei ermöglichte jeder Kampf doch die Chance zu lernen, das Innere über das Äußere zu erreichen. Eine Niederlage war keine Schande und zeigte lediglich auf, woran man noch arbeiten musste. Für Siege hingegen gab es keine Pokale, sondern das gute Gefühl, sich auf dem richtigen Wege zu befinden. Es war gut, dass das überaus freundschaftliche Verhältnis zu Meister Jia sich auf die Momente beschränkte, in denen er nicht als mein Lehrer und Meister auftrat. Nur so konnten wir unvoreingenommen in den Kampf gehen, es brauchte einen gewissen Konkurrenzdruck, weil er die Anspannung und Wachsamkeit förderte. Mit allem Respekt vor ihm dachte ich, dass ich kämpferisch auf einem guten Wege war und ihn sogar schon gut im Griff hatte. Doch aus diesem Grund fehlten mir eben auch mal andere Gegner, mit denen ich Überraschungen erlebte, die mich stärker forderten als ich sie. Nur mit solchen Gegnern konnte ich mich weiterentwickeln.

Der Wunsch, gegen möglichst viele, unterschiedliche Partner zu kämpfen, wurde mir auf eine ganz andere Weise erfüllt, als ich es mir erhofft hatte. An gleich drei Fronten war ich gefordert. Da war der Kampf gegen diese wiederkehrenden Fieberschübe und die sonderbare Dauererkältung, dann litt ich neuerdings auch unter völlig unvermittelt auftretenden Magenproblemen, die meiner Meinung nach nicht mehr an einem Zuviel an Öl im Essen liegen konnten, und jetzt kam auch noch häufiges Nasenbluten dazu. Wie kämpft man gegen solche Gegner?

Weder mehr Vitamine noch alte Hausmittelchen zeigten Wirkung. Ich gewöhnte mich schon fast an meinen halb gesunden Zustand. Aber doch nicht so sehr, um gut gelaunt Platz in meinem Zimmer für einen anderen Schüler zu machen.

Wenn das Hotel zu viele Gäste hatte, auch große Hochzeiten wurden hier gefeiert, dann konnte es sein, dass ich mein Zimmer mit einem anderen Kung-Fu-Schüler teilen musste. Das war bisher nur zweimal vorgekommen und war beide Male von kurzer Dauer gewesen. Jetzt passte mir der verhältnismäßig große Aufwand allerdings gar nicht in den Kram, mit schlappen Gliedern für einen »Neuankömmling« Platz im Zimmer schaffen zu müssen. Ich hatte in der letzten Zeit auch nicht wirklich Ordnung gehalten, das rächte sich jetzt. Aber als »Platzhirsch« rüstete ich auch nur so viel Wohnkomfort auf zwei Personen um wie unbedingt nötig. Zumal der letzte »Mitbewohner«, ein schüchterner Italiener, gerade mal eine Woche lang geblieben war und ich ihn meist nur schlafend angetroffen hatte.

Und dann stand der Neue in der Tür, ein schlaksiger Typ, der mich um gut einen halben Kopf überragte. »Griaß di«, sagte er mit breitem Grinsen. »I bin dr Tobi, un wia hoasasch du?«

»Hallo!«, antwortete ich und musste lachen. »Julian.«

Tobi kam aus Tirol, und sein Dialekt erinnerte mich an alte Heimatfilme, die ich als Kind hin und wieder gesehen hatte. Und der Witz war, es stellte sich heraus, dass ich jedes seiner Worte auf Anhieb verstand. Englisch sprach ich recht gut, beim Chinesisch reichte es für Small Talk, aber diesen Tiroler Bergdialekt konnte ich sofort ins Hochdeutsche übersetzen. Wovon Tobi begeistert war! Denn bei seiner bisherigen Reise durch das Land der Mitte war die Verständigung eher problematisch gewesen, wie er beim Auspacken erzählte. Englisch konnte er nur leidlich, im Chinesischen hatte er ein weitaus größeres Vokabular als ich zur Verfügung, aber er sprach die exotischen Worte auch besonders exotisch aus, weil sein Dialekt immer wieder durchkam, was manchmal große Fragezeichen über den Köpfen der Zuhörer hervorrief.

Für drei Monate hatte sich Tobi nun am EPO Wushu College eingetragen, um seine bisherigen Kenntnisse über die Kampfkünste zu erweitern. Er war schon seit ein paar Jahren im Taekwondo aktiv, dieser dem Karate ähnlichen Kampfkunst aus Korea, wollte sich aber nun einmal intensiv mit Kung-Fu beschäftigen. Und wie es aussah, würde er die ganzen drei Monate das Zimmer mit mir teilen. In jedem anderen Fall hätte ich jetzt laut aufgestöhnt, aber Tobis umgängliche und freundliche Art und nicht zuletzt auch seine Erzählungen im Alpendialekt musste man einfach mögen. Es wunderte mich also nicht, dass sich sein Einzug auch sonst als eine große Bereicherung entpuppte – mal abgesehen von den zahlreichen herumliegenden Trainingsklamotten und leeren Wasserflaschen, über die man im Zimmer nun stolperte und die die Erdnusstüten und Schokoladenriegel, auf die man sich so gefreut hatte, unauffindbar unter sich begruben. Ganz anders als die bisherigen Kurzbesucher empfand ich Toni überhaupt nicht als störend, sondern ganz im Gegenteil: Er belebte mein eher eigenbrötlerisches Leben in Dengfeng, zumal sein Eifer, Chinesisch zu lernen, in etwa meinem Trainingseifer entsprach, sodass wir beim gemeinsamen Bummel durch die Stadt oder über den Nachtmarkt noch häufiger Einheimische kennenlernten. Und ganz nebenbei verzog sich nun auch meine Dauererkältung.

Tobi liebte die Eigenart der Chinesen, sich mitten auf einer Straße, selbst wenn Gehwege vorhanden waren, zu unterhalten, und so blieb auch er gern mal inmitten des dichten Verkehrs auf einer Straße stehen, um sich mit mir zu besprechen, wo wir dieses Mal essen oder wohin wir noch ziehen könnten. Und erstaunlicherweise passte sich der Autoverkehr – wenn auch wild hupend – den »Hindernissen« an. Was ich in Bezug auf den Straßenverkehr und der damit verbundenen Unfallstatistik in China mitbekommen hatte, war erschreckend, stand aber in einem krassen Widerspruch zum nun selbst Erlebten. Einen Unfall habe ich nie beobachten müssen.

Möglich war es allerdings, dass schon mal ein Autospiegel am Arm hängen blieb. Darum auch das stete Gehupe. Auf der Straße stehen war schon in Ordnung, aber dann bitte die Arme anlegen. Tobis Lieblingsausspruch »Passt scho« fand in diesen Fällen gleich doppelte Bedeutung.

Tobis »Passt scho« war bald ein fester Bestandteil in jeder Unterhaltung, und vor allem die Chinesen warteten förmlich nur darauf, dass diese Worte endlich fielen. Für sie war es zu einem Schlagwort geworden, und es war absehbar, dass es dafür bald ein chinesisches Schriftzeichen geben würde.

Mein neuer Zimmergenosse und Freund entdeckte auch eine Disco in Dengfeng. Danach zu suchen war mir während der gesamten bisherigen Monate nicht einmal in den

Sinn gekommen. Jetzt fragte er, ob ich mitkommen wolle. Ich überlegte allen Ernstes, ob ich überhaupt in eine Disco gehen durfte und sollte. Aber war ich nicht frei in meinen Entscheidungen? Ich mochte doch Musik, wie jeder andere in meinem Alter auch, und ich mochte das Tanzen.

Also ging es auf in die Kellerdisco mit wummernden Bässen und Laserlichtern. Und es wurde ein Superabend mit richtig viel Spaß. Das Tanzen kam mir mindestens so anstrengend vor wie eine volle Trainingsstunde. Lag vielleicht auch an dem federnden Boden, sobald mehr als drei Leute darauf rumhüpften, schwang der Boden im Takt mit. Zwischen den eigenen Tanzeinlagen gab es auch Shows, auch Kung-Fu-Shows versteht sich, in dieser Stadt natürlich ein Muss.

Üblicherweise fand Tobis und mein gemeinsamer Alltag aber nicht auf den Straßen und in den Kellerdiskotheken Dengfengs statt, sondern in den Schulräumen und den Trainingshallen – und auch hier war mein neuer Freund eine echte Bereicherung. Das gemeinsame Training mit Meiser Jia gestaltete sich nun noch abwechslungsreicher, zumal Tobi auch am Freikampf Interesse hatte. Allerdings trainierte er nach wenigen Wochen lieber mit dem Meister, nachdem ich ihn einmal mit Fuß und Faust getroffen und ihn am Bein verletzt hatte. Beim Freikampf ging ich keine Kompromisse ein, das war schon zu Klosterzeiten so gewesen. Nur so lernte man dazu und entwickelte sich weiter. Aber Tobi hatte die schmerzhafte Erfahrung leider nicht angefeuert – unserer Freundschaft tat dieser Zwischenfall aber keinen Abbruch.

Es waren gerade vier Wochen nach Tobis Einzug vergangen, da kamen die fast schon vergessenen gesundheitlichen Probleme zurück, und ich musste immer öfter unfreiwillig pausieren. Ich hatte zuerst noch versucht, mit sportlichen Aktivitäten dagegenzuhalten, aber das half jetzt nicht mehr.

Im Gegenteil. Es gesellte sich nun noch plötzliches Nasenbluten zu den bekannten anderen Symptomen. Ob mir vielleicht die kalten Winde so zusetzten? Ich ließ mir zum Schutz die Haare – seit Jahren das erste Mal – wieder wachsen, doch außer einem Fremdheitsgefühl beim Blick in den Spiegel konnte ich keinerlei Wirkung feststellen. Mir ging mit jedem Tag mehr ein Stückchen meiner Kraft verloren, und es fiel mir immer schwerer, mich zum Training aufzuraffen.

Es blieb also nichts anderes übrig, als erneut die Krankenstation aufzusuchen. Die Untersuchung durch den Arzt, Mund auf, Lunge abhören, Abklopfen hier und dort, förderte eine Erkenntnis zutage, die ich nur schwer glauben konnte: Ich wäre kerngesund. Bei dieser Diagnose trotz spontaner Fieberschübe mochte ich gar nicht daran denken, was man mir sagen würde, wenn ich mal richtig krank würde.

Da sich krankschreiben lassen auch nichts gebracht hätte, das Schulgeld musste man trotzdem bezahlen, entschied ich also wieder nach Bauchgefühl, ob ich trainierte oder mich schonte. Da es mir aber nur vom Rumliegen auch nicht besser ging, nahm ich häufiger an den Übungen teil, als dass ich mich schonte. Vielleicht war das ein Fehler, aber wenn einem der Arzt attestiert hatte, dass man gesund war …

Das Nasenbluten wurde bei gleichbleibender Erkältung mit Fieberschüben immer heftiger. Also wieder zur Krankenstation der Schule. Neue Diagnose: Wahrscheinlich hatte ich eine heftige Erkältung nicht auskuriert und verschleppt und mich außerdem nicht ausreichend geschont. Des Weiteren bestand die Möglichkeit, dass ich mir einen Virus eingefangen hatte. Aber ansonsten, und das hatte ich natürlich nicht anders erwartet, wäre ich kerngesund.

Für diese Untersuchung zahlte ich umgerechnet etwa 100 Euro, was meine Reisekasse weiter schmälerte.

Bei einem Training wenige Tage nach der Untersuchung schoss mir das Blut nur so aus der Nase. Als wolle es sich wie ein Bach einen neuen Weg suchen. Mein ganzer Körper fing kurz darauf an zu schmerzen, und ein heftiger Fieberschub am Abend legte mich endgültig lahm. Gegen diese unsichtbaren Gegner hatte ich einfach keine Chance.

Da es so nicht weitergehen konnte, schickte mich Meister Jia zu einem Arzt der Traditionellen Chinesischen Medizin. Okay, hätte ich vielleicht schon früher versuchen sollen. Diese Untersuchung nahm nicht nur viel Zeit in Anspruch, sondern auch einen ganz anderen Verlauf: Puls messen, die Arme entlangstreichen, fühlen hier und tasten dort. Abschließend noch ein alles erkennender Blick in die Augen, und dann folgte ein verblüffendes Ergebnis: Eine nicht richtig auskurierte und verschleppte Erkältung hätte ich. Zudem bestand die Möglichkeit, dass ich mir einen Virus eingefangen hatte. »Schonen Sie sich; ansonsten sind Sie kerngesund.«

Super. Das Handtuch, das ich wegen des Nasenblutens mitgenommen hatte – ein Taschentuchpaket reichte längst nicht mehr aus –, war zum größten Teil rot eingefärbt. So viel Gesundheit konnte ich anscheinend nicht mehr ertragen.

Es war das erste Mal, dass ich mir ernsthafte Sorgen über meinen Gesundheitszustand machte. Was war mit mir los? Ich sprach mit Meister Jia und Tobi und fasste danach den Entschluss, nach Peking zu reisen und mich dort in einer Klinik, die eventuell auch nach westlichen Maßstäben arbeitete, ordentlich durchchecken zu lassen. Die Terminkalender der Lehrer, Coaches und Assistenten waren jedoch dermaßen voll, dass es niemanden gab, der mich nach Peking begleiten konnte. Mit fiebrigem Kopf, zitternden Gliedern und Nasenbluten packte ich dennoch meine Sachen, vor allem Handtücher. Und dann stand Tobi im Zimmer und fing auch an, ein frisches Shirt und Zahnbürste in seine Tasche zu legen.

In diesem Zustand wollte er mich auf keinen Fall allein reisen lassen. Auf seinen bereits bezahlten Unterricht, die Unterkunft und Verpflegung war er gern bereit zu verzichten. »Passt scho«, sagte er. Eine treue Seele eben.

Gemeinsam machten wir uns auf den Weg. Auf die Idee, dass ich mit meiner recht kurzen E-Mail an die Eltern vom Internetcafé im Hotel aus – »Bin auf dem Weg nach Peking, gehe ins Krankenhaus« – für Unruhe zu Hause sorgen könnte, kam ich nicht.

Bis zur Provinzhauptstadt Zhengzhou stand uns der Transferbus der Schule kostenlos zur Verfügung, das war aber auch schon der bequemste Teil der Reise; dann ging es weiter mit der Bahn. Aus Kostengründen hatten wir uns für die günstigste Variante entschieden und waren in der sogenannten »Holzklasse« gut 13 Stunden unterwegs: mit vielen Stopps, Umsteigen und in vollen Abteilen mit harten Sitzbänken. Eine Fahrt, die unter normalen Umständen vielleicht sogar ihren Reiz gehabt hätte – unter den geschilderten Umständen aber eine reine Strapaze war.

Völlig fertig und meinem Gefühl nach blutleer kam ich in der Metropole an. Zu Tobis und meiner Erleichterung fanden wir das von einem Lehrer der Schule empfohlene Krankenhaus zügig, wo man mich sofort und zuvorkommend auf eine Liege beförderte und in einen Behandlungsraum schob.

Die stattfindenden Untersuchungen in dieser Klinik waren um einiges umfangreicher, als ich es bislang erleben durfte. Auf alles Mögliche hin wurde ich untersucht, auch Tropenkrankheiten schloss man nicht aus. Zu Aufbauzwecken wurde mir ein Tropf mit unbekanntem Inhalt angeschlossen. Ich ließ die Fachleute machen. Doch als die Spritze, die kurz zuvor Verwendung bei dem Patienten im Bett neben mir gefunden hatte, nun auch noch für mich genutzt werden sollte, erhob ich erfolgreich Einwand. Woher sie die neue Spritze so rasch genommen hatten, konnte ich allerdings nicht sagen. Schließlich waren einige Stunden der Ruhe für mich angesagt, und ich hoffte sehr, dass nur Gutes in mich hineintröpfelte. Tobi wollte in der Zwischenzeit nach einer Unterkunft für uns suchen, und ich bat ihn, meine Eltern doch zu benachrichtigen, dass es mir gut ginge, und schrieb ihm die Telefonnummer auf und gab ihm auch Geld dafür mit.

Am Abend hatte das Nasenbluten aufgehört, und ich fühlte mich zwar noch schlapp, aber doch um etliches besser als die Tage zuvor. Dann teilte man mir die endgültigen Untersuchungsergebnisse mit: Es sah so aus, als ob ich eine schwere Erkältung nicht richtig auskuriert und verschleppt und mich nicht ausreichend geschont hätte. Ein striktes Trainingsverbot wurde mir auferlegt, mindestens drei Monate nur leichte Bewegung. Ansonsten – wie hätte es auch anders sein können – wäre ich kerngesund.

Ein längerer Aufenthalt im Krankenhaus war nicht nötig und nicht möglich, da kein Krankenbett frei war. Jetzt hieß es nur noch, die Rechnung zu bezahlen, und ich stellte fest, dass Gesundheit ein teures Gut war.

Tobi, der mich von meinen Eltern herzlich grüßen ließ, verbunden mit der Bitte, sie doch bald selbst einmal anzurufen, führte mich über die belebte Straße vor dem Krankenhaus in eine Nebenstraße, dann, noch einmal abgebogen, erreichten wir ein Hostel, das günstig war – nur leider nicht sehr sauber. Doch wir waren froh, eine bezahlbare Unterkunft zu haben, und stellten zudem fest, dass wir in Denfeng fast wie die Könige lebten.

Zwei Tage wollten wir mindestens in Peking bleiben, rein zur Sicherheit, falls das Nasenbluten wieder auftreten sollte.

Wir liefen aber eher planlos durch die Stadt und ließen uns von großen Kaufhäusern einfangen, die denen in unseren Großstädten gar nicht so unähnlich waren. Sonst unternahmen wir nicht viel, da ich mich immer noch schnell wieder schlapp fühlte.

Jedes Mal, wenn ich meine Eltern anrufen wollte, ich hatte das Handy extra mitgenommen, baute sich keine Verbindung auf. Dann war irgendwann der Akku leer, und das Ladegerät hatte ich beim Packen vergessen.

Mein Zustand schien sich aber langsam und stetig zu verbessern, am zweiten Tag hatte ich kein einziges Mal mehr Nasenbluten. Ich fühlte mich deutlich auf dem Weg der Genesung – also zurück nach Dengfeng, abermals 13 Stunden in der »Holzklasse«.

In Zhengzhou konnte ich von einem Internetcafé dann auch endlich persönlich meine Familie kontaktieren, und ich hörte an der Stimme meines Vaters, wie erleichtert er war, mich endlich zu sprechen. Ich musste ihm sofort Rede und Antwort stehen, vor allem zu der Frage, wie es mir gesundheitlich ging, danach legte er los. Dass er in ein paar Wochen beruflich nach China hatte kommen wollen, er gestern aber alle Termine vorverlegt hatte, um mich »zu retten«.

»Julian, du kannst dir anscheinend gar nicht vorstellen, wie aufgeregt wir hier waren. Erst diese ominöse E-Mail von dir, dass du nach Peking ins Krankenhaus fährst. Und kein Wort darüber, was genau los ist. Wir rufen in der Schule an, und die sagen, alles wäre gut mit dir. Aber wo man dich erreichen kann, wissen die nicht. Dann ruft dein Freund Tobi an und sagt auch nur, dass du im Krankenhaus in Peking bist, am Tropf liegst und dass es dir gut gehe. Aber von dir selbst hören wir nichts. Ich habe jetzt einen Flug für übermorgen nach Peking gebucht. Soll ich das jetzt alles noch mal umbuchen?«

»Also zu retten gibt es hier nicht mehr viel, aber ich würde mich trotzdem freuen, wenn du kommst. Dann musst du nur statt Peking Zhengzhou als Zielort buchen«, sagte ich.

Klar sehen

Papa war überglücklich, mich wohlbehalten in die Arme nehmen zu können, auch wenn sein Auftreten als »großer Retter« nicht weiter erforderlich war. Ich freute mich ebenfalls riesig, ihn zu sehen. Und vor allem genoss ich die Unterhaltungen mit Papa. Mehrmals musste ich ihm allerdings versprechen, mich an die Anweisungen der Ärzte zu halten und um das Training einen großen Bogen zu machen. Da wir wegen Papas Terminen jedoch nicht ununterbrochen zusammen sein würden, konnte ich ihm für die Zeit, die er geschäftlich nutzte, eine Teilnahme an »leichten Bewegungen« abringen.

Vom Willen her hätte ich gern mehr gemacht, aber ich spürte doch ein wenig Angst, richtig einzusteigen. Und erst jetzt wurde mir klar, was das alles bedeutete. Drei Monate lang nicht trainieren dürfen, dafür lohnte es sich keinesfalls, das teure Schulgeld zu bezahlen. Schließlich würde ich ohne Training weder körperlich noch geistig weiterkommen. Und um die Tage in Dengfengs Teehäusern zu verbringen, war mir meine Zeit zu schade.

»Du könntest dir China ansehen«, sagte Tobi.

Aber sein Vorschlag rief keinen Nachhall in mir hervor. Nein, die Vorstellung, nicht genau zu wissen, wann ich wirklich wieder ganz gesund war, und dann so eine Reise durch dieses abenteuerliche Land, das war mir zu riskant.

Es gab für mich nur eine vernünftige Reise, und zwar die nach Hause. Und als ich dies später Papa mitteilte, stand ihm die Erleichterung deutlich ins Gesicht geschrieben.

Zwei Wochen blieben mir nun noch, von denen ich die erste Woche nutzen wollte, meinem Vater – soweit es seine Termine erlaubten – alle Orte zu zeigen, an denen ich mich in den letzten Monaten aufgehalten hatte, und mich dabei auch in Ruhe von diesem Landstrich, der immerhin für neun Monate mein Zuhause gewesen war, verabschieden zu können – wer wusste schon, ob mich mein Weg jemals wieder hierher führen würde; die letzte Woche wollten wir noch eine gemeinsame Urlaubswoche in Peking anhängen, bevor es von dort zurück nach Deutschland ging.

Und der Wettergott meinte es gut mit Papa, kein Regen, kein Smog, sondern nur strahlend blauer Himmel mit angenehmen Temperaturen, so begann unser erster gemeinsamer Morgen in China. Gleich nach dem Frühstück führte ich ihn in die Stadt, in »mein Revier«. Papa lernte Tobi nun persönlich kennen, und die beiden verstanden sich auf Anhieb, wenn Papa auch nicht immer wusste, wovon Tobi gerade sprach. Passt scho, eben. Zur Mittagszeit besuchten wir ein kleines, an der Straße gelegenes »Lokal«, wo ich des Öfteren zum Zufüttern war, und er war begeistert von dem gutem Essen und der Freundlichkeit der Menschen.

Am nächsten Tag musste Papa geschäftlich auf Tour, also verbrachte ich die Zeit mit Tobi und »leichten Bewegungen« bei meinem letzten Training mit Meister Jia. Ich wollte ihm zum Abschied etwas Besonderes vorführen und übte dafür diverse Sprünge, die ich auch schon im Shaolin-Tempel trainiert hatte und die von so manch einem deutschen »Shaolin« fälschlicherweise zum modernen Wushu gezählt werden. Aber ich war doch matter, als ich mir selbst eingestehen wollte. Und dann zog bei der Vorführung vor dem Meister ein stechender Schmerz durch meine Schulter. Mist. Mist war das. Alles was bislang locker von der Hand gegangen war, schien jetzt zu misslingen. Beim abschließenden Salto landete ich dann nicht nur unsanft neben der Matte, sondern schlug dabei auf der mitgenommenen Schulter auf. Autsch.

Papa, der während meiner Darbietung die Halle betreten hatte, war alles andere als erfreut. Er hatte ja recht, leichte Bewegung war das nicht mehr. Schlimmer aber als der Schmerz in der Schulter war meine Enttäuschung über meine schlechte Leistung. So hatte ich mich nicht von meinem Meister verabschieden wollen. Aber so war es nun mal, wenn's besonders gut werden soll, klappt's überhaupt nicht. Der Meister hatte großes Verständnis für mich und sagte, dass er doch wisse, was ich die vergangenen Monate über geleistet habe.

»Wolltest du mir nicht auch noch den Nachtmarkt zeigen«, schlug Papa am Abend vor. Er kannte mich doch nur zu gut. Ich schob die schlechten Gedanken endgültig beiseite. Wettermäßig war es ein wunderschöner Tag gewesen, und noch am Abend strahlte der Himmel so blau, als würde er Smog nicht kennen. Ein idealer Abend für einen Bummel über den Nachtmarkt.

In dem quirligen Treiben, bei dem sich auch Mofas und ab und an ein größeres Fahrzeug durch die Besucher schlängelten, sorgten die Hupkonzerte und die Lockrufe der Händler für Stimmung. Papa hatte sich safarimäßig mit einer Kamera und einigen Fläschchen Magenbitter, »zum Nachspülen«, wie er meinte, ausgestattet und schlenderte mit mir interessiert an den Ständen vorbei.

Obwohl wir während der letzten Stunden nicht mal eine Kleinigkeit gegessen hatten und Papa mir versprochen hatte, alles zu probieren, was ich auch schon einmal probiert hatte – und ich war mit der Zeit nicht mehr zimperlich gewesen, tat er jetzt so, als ob er keinen Hunger habe. Erst auf mein Drängen hin, versprochen ist schließlich versprochen, entschied er sich für einen duftenden Fleischspieß. – Aber hallo, so war es nicht vorgesehen und ausgemacht. Fleischspieße konnte er zu Hause essen, hier waren andere regionale Spezialitäten gefragt. Also weitersuchen und Außergewöhnlicheres finden.

Eine Kiste, gefüllt mit Mehlwürmern, erschien ihm im Gegensatz zu manch anderen Leckereien, als die beste, unspektakuläre Alternative. Mit aller Hingabe konnte ich ihn jedoch davon überzeugen, dass die danebenliegenden Käfer, als Komplettpaket noch mit Panzer, Beinen und Fühlern ausgestattet, die weitaus bessere Wahl waren, auch weil sie deutlich mehr Nährwert boten. Nach etwas Zickerei stimmte er endlich einer Portion Käfer zu und nahm auch gleich den ersten Magenbitter – vor dem Essen, versteht sich.

Auch bei Vätern wurde nicht anders verfahren, und der Meister am Wok gab sein Bestes, also eine große Kelle Öl in die Pfanne. Eine reichliche Portion der Proteinträger dazu, etwas Gemüse und ordentlich Gewürze und in Minutenschnelle war das schmackhafte Abendessen fertig. Vom Teller dampfte es noch heiß, sodass Papa die Gelegenheit nutzte, mit einem weiteren Magenbitter und einem Bier vorzuspülen, was seine innere Verkrampfung deutlich löste. Über Zwiebelringe und Gemüsebrocken näherte er sich langsam dem Fleischgenuss. Das erste Käferlein, dann noch eins und noch eins. Na, ging doch. Im Nachhinein war es gar nicht so schlimm. Alles nur Kopfsache, meinte Papa cool und nahm schnell den letzten Magenbitter.

Es war Papas dritte Chinareise, und die bisherigen Touren hatten ihn zu allen Sehenswürdigkeiten quer durchs Land geführt. Zum Teil mit dem Schiff oder auch mit dem Zug, natürlich nicht in der Holzklasse. Den Shaolin-Tempel kannte er allerdings nicht. Den wollte er jetzt unbedingt sehen. Also machten wir uns an einem der letzten Tage gemeinsam mit Tobi auf den Weg. Die wunderbare Landschaft begeisterte mich immer wieder – und nicht nur mich, wie ich Papas faszinierten Kommentaren entnehmen konnte. Wir reihten uns ein in den endlosen Strom der Besucher, fanden dann aber einen ruhigen Platz, entfernt von den zahlreichen Verkaufsständen und den dröhnenden Boxen, und aßen einen kleinen Happen in dem gut besuchten »Fast Food-Lokal«.

Nach dem Essen trafen wir Shi Yan Xiu, meinen ehemaligen chinesischen Meister und Freund, der nun wieder in seiner Heimat seinen Dienst tat. Mein Vater und Shi Yan Xiu hatten sich bereits in Kaiserslautern kennengelernt, und so fiel die Begrüßung entsprechend herzlich aus. Nur zu gut konnte ich mich an die erste Begegnung der beiden erinnern. Das war bei einem Hallentraining in Kaiserslautern gewesen, wo mein Vater den Entschluss gefasst hatte, einmal mitzumachen. Er hatte einen Plastikball, den wir uns zum Aufwärmen etwas hin- und herschossen, und trat diesen so kräftig wie er konnte in meine Richtung. Während der chinesische Meister gelassen und würdevoll durch die Halle schritt, eierte der Ball durch die Luft und wie in Zeitlupe haarscharf am Kopf des Meisters vorbei. »Ooooh«, machten alle in der Halle.

Vater war ganz aufgeregt und fragte: »Was wäre denn passiert, wenn ich den Meister getroffen hätte?«

»Ooooh«, hatten alle noch lauter gemacht, und mein Vater hatte den Ball nicht mehr angerührt.

Aber hier lag nun kein Ball, sondern Shi Yan Xiu führte uns durch die historischen Gebäude, die ich schon ausreichend besichtigt hatte. Wir sahen beim Training einiger Mönche zu, die sich in verschiedenen Sprüngen übten, und ich hatte zwischendurch immer Gelegenheit, mit dem Meister über »alte Zeiten« zu sprechen.

Das geschäftige Treiben, mit den vielen Ständen, an denen Shaolin-Souvenirs jeglichen Geschmacks verkauft wurden, kommentierte Papa mit den Worten: »Wie auf Schloss-

Burg, wenn die Ritterspiele veranstalten und einen mittelalterlichen Markt aufbauen. Fehlt nur noch so eine Schienenbahn, wo du durch die Anlage gefahren wirst und von oben einen Blick auf alles hast.«

Ich hätte mal wieder zu gern gewusst, wie die Mönche selbst das sahen und wie wohl sie sich hier fühlten – und dann fragte ich Shi Yan Xiu. Aber er zuckte nur die Schultern und lächelte mich an.

Auf der Rückfahrt ereiferten sich Papa und ich dann noch ausgiebig über die unsägliche Vermarktung dieses ehrwürdigen Ortes.

Anlässlich meines und Tobis Abschieds, auch er verließ die Schule in den nächsten Tagen, fand in der großen Trainingshalle eine Zeremonie statt. Nun, nach 15 Jahren der steten Bemühungen und für neun Monate Trainingsfleiß in Dengfeng, sollte es für mich eine Belohnung geben.

Geplant war auch eine Vorführung von Tobi und mir, die mir mit der Schulterverletzung aber nicht möglich war. Der Großmeister der Schule, Meister Jia, Tobi und ich standen zusammen, einige Mitarbeiter des Colleges etwas abseits. Meister Jia übernahm es, den Großmeister über das Ausfallen der Vorführung zu informieren, und er zeigte Verständnis.

Dann begann er selbst mit einer kleinen Rede. Er erzählte von der Entstehung des Colleges, das seit Ende der 1970er Jahre eine der führenden Kung-Fu-Schulen in China sei. Etliches von seinen Worten, die noch folgten, verstand ich leider nicht. Schließlich demonstrierte er noch einmal an mir die Kräfte, die in der Kampfkunst stecken. Dazu nahm er meine Hand, und mit einem Hebel zwang er mich gekonnt auf die Knie.

Dann endlich bekam ich von ihm das ersehnte Diplom überreicht, und natürlich freute ich mich zunächst. Tobi bekam ebenfalls ein Diplom. Es war mit meinem identisch, und wie ich sehen konnte, mit denen, die andere schon erhalten hatten. Meine Freude war verflogen, aber ich bedankte mich artig.

Vom Großmeister folgte an mich noch der Hinweis, dass ich weiterhin fleißig üben, üben und üben solle. Dann zog er sich zurück.

Urkunden nehmen in der Kampfkunst zwar einen großen Platz ein, für mich selbst stellen sie aber keinen besonderen Wert dar. Zumal es ein Leichtes gewesen wäre, in einem Shop auf Dengfengs Straßen, eine Urkunde nach meinen Wünschen und meinem Geschmack für wenige Yuan zu erhalten.

Ich denke nicht, dass solche Auszeichnungen aufzeigen können, wer ich bin, wie ich bin und wie gut ich eine Sache beherrsche. Deshalb machte ich dann doch noch bei Meister Jia und Martin Fu, dem Jungmanager der Schule, meinem Unmut Luft. Mir ging es nicht um schöne Worte, um Belobigungen oder darum, was für ein toller Hecht ich doch sei. Aber konnte es denn sein, dass Tobi, der gerade einmal einige Wochen an der Schule war, das gleiche Diplom bekam wie ich? War es möglich, dass Schüler, die auf der Durchreise hier für eine Woche Station machten, mit gleichem Wortlaut abgefunden wurden? Mir ging es nicht darum, die Leistung der anderen zu schmälern, doch bei aller buddhistischen Bescheidenheit, nach zig Jahren intensiven Lebens für und mit der Kampfkunst, sah ich mein Level durchaus woanders angesiedelt. Ich wollte kein schönes Stück Papier, ich wollte eine gerechte Behandlung. Und sie sollten ruhig wissen, dass ich ihre Vorgehensweise nicht gut fand.

Meister Jia zeigte Verständnis, ebenso auch Martin Fu, und sie versprachen mir, sich darum zu kümmern. Am nächsten Tag erhielt ich dann ein zusätzliches Dokument, in welchem sehr ausführlich beschrieben stand, was ich alles gelernt und meisterlich dargeboten hatte. Ich gab das Schreiben meinem Vater, er hob diese Dinge gern für mich auf.

Jetzt, wo meine Zeit in Dengfeng zu Ende ging, kam doch noch so etwas wie Wehmut bei mir auf. Meister Jia, Tobi, die Freunde, mit denen ich Billard gespielt hatte, selbst das nervige Hupen der Autos würden mir fehlen. Und natürlich auch der alte Chinese, der seinen verstaubten Anzug mit so viel Würde trug, den ich leider nie wieder getroffen hatte.

Spontan beschlossen Tobi und ich, den letzten Abend mit unseren Bekannten als Abschiedsparty in »unserer« Disco zu gestalten. Also nutzen wir die Handys und sprachen mit den Leuten. Shi Yan Xiu kam mit zwei Freunden zur Schule, Meister Jia stieß dazu, und dann machten wir uns mit dem Taxi auf den Weg. In der Disco trafen wir auf einen Haufen Kumpel, Einheimische sowie Ausländer. Jessie, der coole Lehrer, der Australier, die Kumpels aus den USA, einfach alle waren da. Ich wunderte mich selbst, wie groß mein Freundeskreis angewachsen war – und ich hatte mich hier mal einsam gefühlt?

Das laute Dröhnen der Boxen, die Laserblitze, wir hatten alle zusammen sehr viel Spaß an diesem Abend. Wer nicht tanzte, saß an dem zugewiesenen Tisch, so wie es hier üblich war. Eintritt zahlte man in dieser Disco nicht, sondern lediglich die Tischgebühr. Die lag bei umgerechnet etwa 30 Euro. Und für jeden bezahlten Euro gab es ein Getränk, Softdrink oder Dosenbier – worüber Papa froh war – und Obst und Knabbereien. Alles in allem für die westliche Geldbörse eine durchaus erschwingliche Angelegenheit. Würden nur zwei Leute einen Tisch für sich beanspruchen, würden sich weder die Tischgebühr noch die gelieferten Getränke reduzieren. Wie gut, dass ich so viele Kumpel hatte zusammenbringen können.

Shi Yan Xiu gelang es zu vorgerückter Stunde, Papa auf die Tanzfläche zu holen, und unter der Freude der Anwesenden und unterstützt mit viel Gejohle hüpfte er nach besten

Kräften mit. Leicht torkelnd verließ er aber nach relativ kurzer Zeit die Fläche wieder: Entweder hatte er den federnden Boden nicht vertragen, oder das Bier war schuld.

Um das Verabschieden noch hinauszuzögern, hätte ich gern noch weitergefeiert. Aber wir mussten am nächsten Morgen früh raus, Peking wartete. Ich nahm meine Freunde noch einmal in den Arm oder klatschte ab, und ich hoffte, sie irgendwann irgendwo in der Welt einmal wiederzusehen.

Peking mit Papa

Dengfeng zu verlassen, fiel mir schwer. Nur wenn ich daran dachte, dass ich hier in den letzten drei Monaten nicht das würde tun können, weshalb ich doch hergekommen war, machte es leichter. Aber leicht fiel es mir auch nicht, wenn ich daran dachte, dass ich zu Hause erst einmal wieder schauen musste, wie es weiterging. Ich war froh, dass die Woche Peking die Heimreise noch ein wenig hinauszögerte.

Papa klopfte mir beim Verlassen des Hotels ein paar Mal auf die Schulter, so als wollte er sagen, Kopf hoch, weiter geht die Reise. Und so war es doch immer im Leben, es ging immer weiter, Abschied nehmen gehörte dazu, und darin müsste ich doch eigentlich inzwischen ein Meister sein.

Mit dem Zug in der »weichen Klasse« von Zhengzhou nach Peking verkürzte sich die Fahrtzeit um die Hälfte. Sehr modern ausgestattet, mit teilweise schwenkbaren Sitzen, einer funktionierenden Klimaanlage, Temperatur- und Geschwindigkeitsanzeige und einem sehr freundlichen Servicepersonal erinnerte diese Fahrt so gar nicht an die Stunden, die ich fiebrig in der »Holzklasse« zugebracht hatte. Diesmal machte ich sogar ein ausgiebiges Nickerchen, und als ich aufwachte, hatten wir Peking schon erreicht.

Ich staunte über die Menschenmassen, die den Bahnhof verließen oder auf ihn zuströmten. War das bei der letzten Ankunft hier mit Tobi auch so gewesen? Auf der Hinfahrt fiebrig, auf der Rückfahrt mit den Gedanken beim Trainingsverbot, anscheinend musste ich noch einmal herkommen, um Peking mit wachem Geist zu erleben. Wie ein riesiges Ameisenvolk, das seine Bahnen zog, kamen mir die Chinesen vor.

Am Bahnhof war kein Taxi zu bekommen, und es dauerte eine Weile, bis wir ein freies Fahrzeug fanden. Dann ging es über breite und dennoch verstopfte Straßen zu dem zentral gelegenen Hotel, in dem Papa für uns ein Doppelzimmer gebucht hatte. Das war kein Vergleich mit der äußerst einfachen Unterkunft, die Tobi uns für unser geringes Budget aufgetan hatte. Hier war es nicht nur sauber, sondern richtig komfortabel, und es gab nicht nur ein hübsches Schwimmbad für die Gäste, sondern auch einen gut eingerichteten Fitnessraum. Auf die leichte körperliche Betätigung brauchte ich also nicht zu verzichten.

Als wir alles besichtigt und ausgepackt hatten, war es schon Abend, und wir beschlossen im Hotelrestaurant zu essen. Für eine Suche nach einem geeigneten Restaurant in der Riesenmetropole waren wir nach der kurzen Nacht und dem langen Tag einfach zu müde. Die Speisekarte des Hotelrestaurants bot eine bunte Mischung aus landestypischen Gerichten und internationaler Küche. Und die große Pizza, die ich bestellte, sozusagen Fast Food vom Feinsten, war die beste Wahl, um mich für meinen Heimatkontinent Europa vorzubereiten.

Am nächsten Tag schien wie bestellt für uns die Sonne vom blauen Himmel. Und jetzt war ich auch für klassisches Sightseeing bereit. Die Große Mauer stand als Erstes auf unserem Programm. Dafür mussten wir zwar 80 Kilometer weit mit einem Mietauto nach Badaling, aber schon als ich dieses längste Bauwerk der Welt von Weitem sah, wusste ich, dass sich die Fahrt gelohnt hatte. »Die ist insgesamt fast 9000 Kilometer lang«, gab Papa den Reiseführer. »Die sollte einst nicht nur ein mächtiger Schutzwall sein, sondern konnte auch als sicherer Verkehrsweg genutzt werden, deshalb ist sie so breit gebaut.«

Natürlich waren wir an diesem berühmten Ort wieder einmal nicht die einzigen Touristen, vor allem an den Hauptaussichtspunkten knubbelten sich die Leute schon mal, aber alle schienen ergriffen von dem grandiosen Ausblick auf die Natur rundherum und den strahlenden blauen Himmel. Wir liefen von einem Wach- und Feuersignalturm zum nächsten, immer weiter, ich mochte hier gar nicht mehr runter. Und je steiler ein Abschnitt, desto weniger Menschen waren dort unterwegs, sodass wir einmal sogar ganz allein zu sein schienen. Es war bereits später Nachmittag, als wir wieder zum Ausgangspunkt zurückkamen. Im Souvenirshop fragte ich auf Chinesisch nach dem Preis für Wasser und Postkarten, was diesen erheblich sinken ließ gegenüber dem, was andere Touristen zahlen mussten. Allerdings erwies sich Papa beim Kauf von Andenken auch ohne Chinesischkenntnisse als noch geschickter beim Verhandeln.

Die ursprünglich geplante Besichtigung der relativ nahe gelegenen Ming-Gräber verschieben wir, weil sich der Tag dem Ende zuneigt und eine lange Rückfahrt und volle Straßen vor uns liegen. Je weiter wir die große Mauer hinter uns lassen, freue ich mich darauf, irgendwann in der Zukunft noch einmal hierherzukommen.

Auch wenn Peking sehr viel an kulturellen Schätzen zu bieten hatte, war es zunächst eine Hauptstadt mit Millionen an Einwohnern und der dazugehörenden Infrastruktur. Da musste man sich die Stadtgebiete nach und nach erobern. Darum starteten wir am zweiten Tag zunächst mit Spaziergängen und Erkundungen der näheren Umgebung unseres Hotels. Überwältigend fand ich die Einkaufspaläste, von denen ich den Eindruck hatte, dass ein einziger von ihnen mehr Auswahl zu bieten hatte als sämtliche Geschäfte in einer deutschen Kleinstadt wie Solingen. In einem dieser riesigen Shoppingcenter lagen die tollen Geschäfte, die jeden bekannten Markenamen führten, und um alle herum verlief eine große Eislaufbahn, auf der man sich nach erfolgreichem Shoppen vergnügen konnte.

In einer oberen Etage warteten Speiselokale mit Köstlichkeiten aus allen Ländern. Wir konnten uns aber für keins entscheiden und suchten lieber einen Klamottenladen auf, allein dieses eine Geschäft wirkte auf mich wie ein großes Einkaufscenter. Ich konnte mir nicht vorstellen, dass es hier irgendwas an Kleidung nicht zu kaufen gab. Ich fand schließlich ein schickes Hemd, und um ein paar Yuan ärmer kehrten wir dem Konsumtempel unsere Rücken zu.

Denn ganz in der Nähe gab es die Hutongs, wie Papa wusste.

Die alten Hofhäuser im Herzen Pekings, durch enge Gassen verbunden, führten uns in eine andere Welt. Eine schmale Tür in einer Mauer öffnete den Blick, und der Eindruck entstand, als würde ein ganzes Dorf vor uns liegen. Alte Männer saßen ins Schachspiel versunken unter Bäumen, Frauen hockten mit ihren Kindern auf der Straße, der Fahrer eines Dreirads, das mit Wasserflaschen beladen war, klingelte sich den Weg frei, ein Obsthändler füllte Chinesische Birnen in Kisten auf.

Papa lenkte die Romantik, die beim Anblick dieser historischen Häuser und des einfachen Lebens aufkam, wieder in rechte Bahnen, als er erzählte, dass viele der baufälligen Häuser, sogar ganze Wohnviertel, vor Beginn der Olympischen Spiele 2008 in Peking abgerissen worden waren, um

Platz für moderne Bauten und Infrastruktur zu schaffen, denn man hatte sich unbedingt den Traum von perfekten Olympischen Spielen erfüllen wollen. Ein Teil der erhaltenen Hutongs wurde restauriert, einige waren heute sogar mit öffentlich zugänglichen Toiletten ausgestattet. Bis vor wenigen Jahren hatte man noch sämtlichen Unrat in Eimern vor die Tür gestellt, die dann entsorgt wurden.

Beim Einschlafen am Abend – ich fühlte mich vom Sightseeing so erschöpft, wie es nicht mal nach einem harten Kung-Fu-Training der Fall war – durchmischten sich die Erlebnisse im Konsumtempel und im alten Hutong in meinem Kopf, und während Papa noch im Reiseführer blätterte, ließ ich mich von wirren Traumbildern in den Schlaf tragen.

Überall in Peking gab es etwas zu entdecken, und überall wurde gebaut und gebaut, eine ganz normale Großstadt eben. Es fehlten auch die gut besuchten Burgerstationen nicht, und ich gewann den Eindruck, dass hier mehr »vollschlanke« Chinesen anzutreffen waren als in Dengfeng. Wir aßen lieber in den kleinen Speiselokalen, die fast ausschließlich von Chinesen besucht wurden und mit köstlichem Essen zu kleinen Preisen lockten. Atmosphäre gab es in diesen Lokalen gratis dazu. Ich war immer wieder erstaunt, wie überaus freundlich die Menschen uns Fremden begegneten, auch wenn sie selbst in Hektik oder Arbeitsstress waren. Sobald ich in einem eher überfüllten Lokal mit nur einer Servicekraft bei eben diesem Kellner etwas auf Chinesisch bestellte, widmete er sich unserer Bestellung mit solch einer Freude und Herzlichkeit, wie man sie als Europäer niemals erwartet hätte, weil wir das bei uns doch eher seltener antreffen.

Auf einer unserer Besichtigungstouren, wir waren noch etwa 15 Gehminuten von unserem Hotel entfernt, entdeckten wir eine einsam dastehende Fahrradrikscha, deren Fahrer uns freundlich zu einer Fahrt überreden wollte. Brauchte er aber gar nicht. Dieses Erlebnis fehlte uns noch, außerdem war es wieder ein sonnig warmer Tag, und wir hatten genug geschwitzt. Beschaulich und allen Verkehrsregeln trotzend fädelte sich der Fahrer in den rasanten Autoverkehr ein und überquerte Straßen entgegen der Fahrtrichtung, ohne dass der Verkehr dabei zum Erliegen kam. Uns drängte der Schweiß jetzt nicht mehr nur wegen der Hitze aus allen Poren. Ein einzigartiges Erlebnis und Stress pur.

So erlebnis- und abwechslungsreich dieser Pekingbesuch auch war, dass diese Stadt scheinbar nie zur Ruhe kam, erschreckte mich auch. Mir war alles eine Nummer zu groß, von allem war einfach zu viel vorhanden. Nicht mal im tiefen Schlaf in der Nacht konnte man dem pulsierenden Leben Pekings den Schalter ausknipsen, das am Tage Gesehene und Gehörte war unendlicher Stoff für meine Träume. Allmählich freute ich mich nicht nur auf den Rest der Familie zu Hause, auf Alissa und die Freunde, sondern auch auf mein Heimatstädtchen, wo nachts, wie wir immer sagten, die Bürgersteige hochgeklappt werden.

Doch bevor es nach Hause ging, galt es noch, den Platz des Himmlischen Friedens, den Tiananmen-Platz, der nur einige Gehminuten vom Hotel entfernt lag, sowie die dahinterliegende »Verbotene Stadt« mit ihren Palästen und Pavillons zu besichtigen. Papa kannte beides schon und war ganz wild darauf, wieder einmal den Reiseführer zu machen. Dafür wollte er sich am Frühstücksbüfett besonders stärken, und so wanderte er vor den langen Tischen mit den Speisen auf und ab. Die kleinen Schilder vor den vielen Schüsseln, Platten und Tellern halfen ihm aber nicht, weil ausschließlich in chinesischen Schriftzeichen dastand, was sich darauf befand – und wenn es eine gesundheitsfördernde Wirkung hatte, welche. Man konnte sagen, so ein chinesisches Frühstücksbüfett im Hotel hatte auch halbmedizinischen Charakter.

Papa entdeckte an diesem Morgen ein Gemüse, das nicht nur verlockend duftete und ansprechend zubereitet war, sondern ihm auch vorzüglich schmeckte. Auch von der zweiten Portion blieb nichts auf seinem Teller. Zu der würzigen Speise trank er etliche Gläser, gefüllt mit Wasser und Säften. Aber erst nach drei Tassen Kaffee erklärt Papa das Frühstück endlich für beendet, und unserem besichtigungsreichen Tag stand nichts mehr im Wege.

Jetzt ging es los, noch mal schnell die Toilette aufgesucht und rein ins Getümmel auf den Pekinger Straßen. Doch kaum 200 Meter gegangen, verspürte Papa schon wieder starken Harndrang. Also der erste Stopp an einem Toilettenwagen. 200 Meter weiter das Gleiche, nur kein Toilettenwagen in Sicht.

Der Platz des Himmlischen Friedens, eigentlich ein Katzensprung vom Hotel entfernt, rückte in die Ferne. Heute bestimmte also Papas Blase das Vorankommen und die Richtung, denn nur wo ein Toilettenwagen in Sicht war, dorthin bewegten wir uns. Fast eine Stunde später erreichen wir auf Umwegen den Platz des Himmlischen Friedens.

Durch Sicherheitsschleusen weiter zur »Verbotenen Stadt«, wie schade, dass der Blick in den blauen Himmel von den zahlreichen Überwachungskameras verstellt wurde! Auch die Menschenmassen, die sich mit uns den Weg bahnten, machten das Vorankommen nicht unbedingt leicht; doch der, der es uns so richtig schwer machte, war Papa. Die Suche nach einer Toilette hatte eindeutig Vorrang, jede, aber wirklich jede Gelegenheit musste genutzt werden.

Die »Verbotene Stadt« erreicht, sah man nur endlose Besucherschlangen an den Kassenhäuschen. Schweren Herzens gaben wir auch hier einem von Papas bevorzugten »Häuschen« den Vorzug und brachen dann den Ausflug ab, offiziell wegen der Menschenflut, inoffiziell wegen Papas Blasenflut.

Zurück im Hotel fanden wir mithilfe eines immerhin leidlich Englisch sprechenden Kellners die schon vermutete Erklärung für Papas starken Harndrang. Das Gemüse am Morgen hatte die Nierenfunktion unterstützt, und in Kombi mit den diversen Getränken hatte Papa sozusagen eine ausgiebige Blasenspülung eingeleitet. Immerhin am Abend und nach striktem Trinkverbot fanden Niere und Blase wieder zu altem Rhythmus zurück.

Mit sieben Tagen war diese letzte Woche in Peking eindeutig zu knapp bemessen. Es gab hier noch so viel mehr zu entdecken, darum war das Wiederkommen ein Muss. Aber jetzt war ich auch erst einmal froh, diese Megastadt mit ihrer Überfülle hinter mir zu lassen.

Für die Rückkehr nach Hause wünschte ich mir keine Überraschungsparty am Flughafen, keine Menschenmassen, nichts Großes, nichts Lautes. Nur Heimkommen.

IV. Ein langer Weg nach Shaolin

Neue Schritte in der Heimat

Frühsommer in Deutschland. Regen. Das Nach-Hause-Kommen fiel mir trotz des Temperatursturzes leicht. Ich genoss es vor allem, von Mutter bekocht zu werden, ihre Steaks sind einfach die besten. Ob ich da etwas nachholte, was ich früher als andere Teenager aufgegeben hatte, ich weiß es nicht. Ist mir auch egal. Ich fühlte mich für diese Übergangszeit, als solche sah ich sie, in meinem alten Kinderzuhause einfach wohl, was vielleicht auch daran lag, dass meine Eltern zwar immer Anteil an meinen Entwicklungen und Wegen nehmen, mich aber nie unter Druck setzen. Andere Eltern hätten jetzt vielleicht gesagt: »Mach doch endlich mal etwas Vernünftiges, womit du auch Geld verdienen kannst.« Und wer weiß, womöglich dachten das meine auch. Sie waren aber klug genug zu wissen, wie viel mir das Kung-Fu bedeutet. Und erst einmal wollten sie ganz sicher sein, dass ich mir keine Folgeschäden durch die mehrfach diagnostizierte verschleppte Erkältung und den vermeintlichen Virus eingehandelt hatte. »Julian, denk daran, leichtes Training für den Anfang«, ermahnte mich mein Vater, wenn ich morgens zum Laufen aufbrach. Und ich achtete zunächst wirklich mehr auf mich und verausgabte mich nicht, aber ohne jegliches Training wäre ich verkümmert, ich brauchte die Bewegung und die Übungen. Und ich wollte meine in all den Jahren erworbenen Fertigkeiten auch nicht aufs Spiel setzen, das sah selbst meine Mutter ein.

»Mach doch eine Kung-Fu-Schule auf«, rieten mir nicht nur Freunde, sondern auch alle möglichen anderen Leute.

Klar, das wäre das Naheliegende, darüber dachte ich auch nach. Aber ich wollte mir erst einmal die Zeit nehmen, um in das »normale« Leben zurückzufinden. Was nicht heißen sollte, dass ich mein Leben komplett umkrempeln oder mich neu erfinden oder auf neue Wege führen lassen wollte, die ich womöglich zu gehen gar nicht bereit war. Wenn ich von »zurückfinden« spreche, dann meine ich das zwischenmenschliche Miteinander. In den Klosterjahren und dem knappen Jahr in China hatte ja sozusagen Ausnahmezustand geherrscht. Hier draußen in der »normalen« Welt gab es viel mehr Entscheidungen zu treffen und Dinge zu regeln. Und ja, ich sah schon ein, dass ich Geld verdienen musste, um auf eigenen Beinen stehen zu können.

Doch ich verspürte keine Panik oder so was, im Gegenteil, jetzt, wo ich ohne Meister, Coach und Trainer war, wurde mir klar, was meine größte Stärke ist: meine Selbstdisziplin. Sogar im Kloster und am Epo Wushu College hatte im Grunde nie der Abt oder ein Schulleiter über mein Trainingspensum bestimmt, ich war es immer selbst gewesen, der mehr wollte, der entschieden hatte, was über das Geforderte hinaus zu tun war. Mein Training jetzt überwiegend allein fortzusetzen, damit hatte ich keinerlei Probleme, und so begann jeder Tag eben in der seit Langem gewohnten Weise – mit nassen Klamotten am Körper zehn oder zwölf Kilometer zu laufen und dabei zu spüren, dass das Regenwasser in den Schuhen steht, und das im Sommer, war allerdings nicht immer ein Vergnügen! Umso mehr half mir mein diszipliniertes Vorgehen, in mein neues Leben zu finden.

Das fühlte sich auch alles gut an, aber …! Leider schien das, was ich eben als meine Stärke bezeichnete, nicht für alle Lebenslagen förderlich.

Allein mein Training nahm ein Drittel des Tages ein, da blieb gerade noch Zeit zum Lernen, vor allem in Sportmedizin und Ernährungslehre wollte ich weiterkommen.

Für Zweisamkeiten mit einer Freundin an der Seite blieb hingegen wenig Zeit. Alissa hatte längst eine Wohnung nahe ihrem Studienort bezogen und fragte, ob ich nicht auch dorthin ziehen mochte. Bei den Gedanken an eine eigene Sportschule tendierte ich jedoch viel mehr zu den rheinischen Großstädten, als dass ich den Hang verspürte, einen Umzug ins Westfälische zu machen. Schließlich musste ich, um auf eigenen Beinen stehen zu können, auch wirtschaftlich denken, und da hielt ich das von mir ausgesuchte Gebiet für weitaus attraktiver. Was also bringt eine Zweisamkeit, die aus Telefonaten oder E-Mails und nur gelegentlichen Treffen besteht?

Nicht viel, da hatte Alissa schon recht. Als sie dann Schluss machte, traf mich die Plötzlichkeit wohl mehr als die Tatsache selbst. Wir waren eben zwei, die gleichermaßen und dennoch so verschieden ihren Erfolg suchten – und hatten uns dabei anscheinend auseinandergelebt. Eine »optimale Verbindung« war es wohl nur in der Vorstellung gewesen. Im Alltag, wenn ich nicht darüber sprach, fiel nicht mal jemandem auf, dass ich jetzt ohne Freundin unterwegs war.

Neben dem Training beschäftigte ich mich nun wieder verstärkt mit der Suche nach dem richtigen Trainingsort und einem Partner für Kämpfe – immer nach Berlin, zu Großmeister Shi Yan Lin, zu reisen wäre zu aufwendig. Zum Glück war Sven mal wieder gern bereit zu helfen, wenn Not am Mann war. Und dann mussten auch noch Behördengänge erledigt werden, was mich nach fünf Jahren Abstinenz vom bürgerlichen Leben in Deutschland ganz schön nervte, denn es ging so manche Stunde dafür drauf, meinen Wohnort anzumelden, mich um eine Steuerkarte zu bemühen und unvermeidliche Versicherungen abzuschließen. Und nicht zuletzt hatte ich aufgrund der zweiteiligen Fernsehdokumentation unglaublich viele Zuschriften, Briefe, E-Mails und sogar Pakete bekommen, die meine Eltern in zwei Wäschekörben gesammelt hatten. Mich überforderte es fast ein bisschen, plötzlich so etwas wie »bekannt« zu sein. Ich nahm sowohl die freundlichen, aber auch die kritischen Schreiben ernst und hatte den naiven Wunsch, alle zu beantworten.

Die häufigste Frage, die mir in Briefen, aber auch auf der Straße gestellt wurde, war: »Wann eröffnest du deine eigene Kung-Fu-Schule?« – Aber wollte ich das überhaupt? Wenn ich darüber nachdachte, fand ich den Gedanken im einen Moment verlockend, im nächsten taten sich damit zig neue Fragen auf.

Wenn ja, benötigte ich zuallererst geeignete Räume. Ich mochte aber keine Schule führen, wie es sie schon so zahlreich gab – und die mir meist nicht gefielen. Nicht allein von der Einrichtung und Atmosphäre her, sondern auch mit Blick auf das, was dort gelehrt wurde. Von einer Durchschnitts-Schule wollte ich mich deutlich abheben. Ich begann mit dem ersten Schritt: geeignete Räume suchen.

Je länger und öfter ich mir dabei Gedanken machte, wie »meine« Kung-Fu-Schule aussehen sollte, desto erstrebenswerter kam mir solch ein Plan vor. Je mehr Mietobjekte ich jedoch besichtigte, desto unwahrscheinlicher wurde die Umsetzung: Entweder gefiel mir die Lage, die Bauweise oder der Schnitt der Räume nicht, oder das Angebot lag weit über dem, was ich hätte zahlen können, um das Risiko tragfähig zu halten.

Was tun? Nachdenken. Nachdenken. Nachdenken.

Dabei fiel mir eines Morgens beim Laufen der Konfuzius-Spruch ein, den mir der alte Chinese mit auf den Weg gegeben hatte:

> »Mach dir keine Sorgen um einen guten Posten, sondern sorge dafür, dass du etwas hast, mit dem du ihn verdienst. Mach dir keine Sorgen darüber, dass man dich nicht kennt, sondern trage Sorge, dich so zu verhalten, dass man dich kennen wird.«

Der alte Chinese war keiner von denen gewesen, die die Weisheiten unüberlegt raushauten, um damit zu beeindrucken oder zu beruhigen. In seinen Worten lag etwas, das mein Wesen erfasst hatte. Ja, ich war ehrgeizig in meinem Tun und wollte mich nicht auf dem Erreichten ausruhen. Ich wollte mir treu bleiben und mich auf keinen Fall verbiegen oder verbiegen lassen. Trotz dieser Selbsterkenntnis war es keine leichte Sache, einen konkreten Rat abzuleiten. Doch dann kam mir der Gedanke, dass ich mit einer Eröffnung der Schule all mein Tun auf den Erhalt dieser Schule würde konzentrieren müssen. Aber dazu war ich noch gar nicht bereit, ich hatte das Bedürfnis, zuvor erst noch mehr vom Leben mitzubekommen. Und um eine Schule gut zu führen, bedurfte es auch mehr, als es bloß zu wollen. Klar könnte ich im Kung-Fu anderen viel beibringen, aber das war nicht ausreichend. Ich wollte mehr Lebenserfahrung, mehr Erfahrung im Umgang mit Menschen haben, bevor ich mich auf so ein Lebensprojekt festlegte. Wenn ich jetzt, in jungen Jahren eine Schule eröffnete, würde meine Zukunft nicht anders verlaufen, als wenn ich meine ursprünglich begonnene Lehre weitergeführt hätte. Dann würde ich ein Gefangener meiner eigenen Zukunftspläne. Und das ging gar nicht. Jetzt jedenfalls noch nicht.

Also aufhören neben dem Training Räume für eine eigene Schule zu suchen und wieder mehr auf das Lernen konzentrieren. Die buddhistische Lehre, Sportmedizin und Ernährungslehre, die Traditionelle Chinesische Medizin und auch die chinesische Sprache in Wort und Schrift – und das war nun mal nicht im Selbststudium mit sich allein möglich.

Da aber nicht jede Bildungsstätte, die ich aufsuchte, gleich vor der Haustür lag, ging viel Zeit für umständliche Fahrten drauf. Mein Moped, mit dem ich vor meinem Eintritt in den Shaolin-Tempel Kaiserslautern so gern meine Runden gedreht hatte, stand gut gepflegt, allerdings nicht fahrbereit in der Garage. Mir war das Moped aber auch zu klein geworden, darum schaffte ich mir von meinem Ersparten ein Motorrad an und verband so das nützliche Mobilsein mit dem alten Hobby.

Ich richtete mich in meinem neuen Leben ein, in dem nun noch weniger Platz für etwas anderes war. Es war durchaus möglich, dass ich damit manchen enttäuschte, so wie seinerzeit Alissa, die mir »Du bist ein Egoist« an den Kopf geworfen hatte.

Wenn Enttäuschung heißt, dass man der Täuschung beraubt wird, dann erlebten sie alle jetzt, was eigentlich immer schon so gewesen war. Shaolin-Kung-Fu war kein Hobby von mir, es war mein Leben. Niemandem mit seinem Handeln zu schaden, das war der buddhistische Weg. Und ich hatte bisher das Gefühl, ihn auch so gegangen zu sein.

Lediglich eine große Frage wollte sich nicht so einfach abschütteln lassen: Wie egoistisch muss und wie egoistisch darf ich sein, wenn ich *meinen* Weg gehen will? Wie kann ich einen »Weg der Mitte« finden? Wie die Liebe zum Kung-Fu *und* die Liebe zu einer Frau leben? – Ohne Freundin konnte ich das nur theoretisch bedenken, weshalb die Praxis auf unbestimmte Zeit vertagt werden musste.

Wie passend, dass mich Stephanie, eine befreundete Ärztin, anrief und mir einen Vorschlag machte, der mich vom trüben Liebeskummer zurück ins Leben hievte. Nach vorn zu schauen ist auch so eine buddhistische Tugend, die ich beherzigen möchte, auch wenn das nicht immer leichtfällt.

Stephanie gab ehrenamtlich Seminare zum Thema »Wie werde ich groß und stark?« an Grundschulen. Mit einem sportlichen jungen Mann an ihrer Seite, der sogar schon einmal im Fernsehen zu sehen gewesen war, sollte dieser Unterricht für die Kinder noch informativer und »anschaulicher« werden.

Eine willkommene Abwechslung für mich, da ich doch im Moment sowieso nicht wusste, welcher Schritt in die richtige Richtung führte. Und trainiert hatte ich mit Kindern bisher immer gern.

Mit Zehnjährigen umzugehen, die bis dahin überwiegend weniger Interesse an sportlicher Betätigung und schon gar nicht an Kung-Fu hatten, war jedoch eine neue Erfahrung. Doch sie waren aufmerksame Zuhörer, stellten schlaue Fragen und probierten sich bei den gestellten praktischen Aufgaben mit Spaß aus. Mir war klar, dass ich um einige Sprünge und Saltos nicht herumkam, wollte ich das Interesse hochhalten.

Aufgeregtes Getuschel unterbrach den langen Fragenkatalog der Kinder am Ende der Stunde, und erst das Einlenken der Lehrerin sorgte für Ruhe. Es ging für die Kids um die Frage aller Fragen, welche sich jedoch niemand laut zu stellen traute, die zum guten Schluss dann aber doch schüchtern vorgebracht wurde.

»Haben Sie auch ein Sixpack?«

Ich konnte mir ein Schmunzeln nicht verkneifen, antwortete dann aber ernsthaft darauf: »Ja, ich habe ein Sixpack.« Zu gern hätten sie dieses auch live gesehen, aber das wäre mir dann doch zu weit gegangen. Einem ehemaligen Mönch sollten sie auch so glauben.

Am Ende waren alle zufrieden. So lustig und anschaulich war der Unterricht sicher nicht jeden Tag.

Noch einige Male begleitete ich Stephanie zu solchen Seminaren – wie sie ehrenamtlich. Einmal hatten wir 180 Kinder vor uns, eine Veranstaltung in einem Freibad, und wir hatten Glück, dass das Wetter mitspielte. Kinder verschiedener Altersstufen also, eine ganz schöne Herausforderung, alle »ins Boot« zu holen. Aber wenn dadurch auch nur ein Kind eher zu einem Apfel als zu einer Süßigkeit griff oder Freude an der körperlichen Bewegung fand, dann war immerhin etwas erreicht.

Jetzt klingelte das Telefon deutlich häufiger als sonst, und einige Eltern wollten ihre Kinder sofort zu mir in den Unterricht bringen. Natürlich freute ich mich über diesen Zuspruch. Ein Artikel über mich in der lokalen Zeitung, in dem auch die Seminare an den Schulen vorgestellt wurden, regte zudem andere Sportschulen dazu an, mit besonderen Kinderangeboten zu werben. Hier und da gab ich jetzt gegen Bezahlung Kurse oder Einzeltraining. Endlich eigenes Geld zu verdienen war ein gutes Gefühl, aber ich wurde auch in meiner Meinung über etliche Sportstätten bestätigt. Oft kam es mir so vor, als ob sie nur ein Auffangbecken für Kinder waren, deren Eltern keine Zeit hatten oder mal Freizeit von den Kindern haben wollten. Jeder durfte einen Kurs für sein Kind buchen, auch wenn das Kind gar keine Lust darauf hatte. Hey, was sollte das? So lehrt man Kinder doch nicht, Freude an einer Sache zu finden. Und ich als Lehrer musste dann schauen, wie ich dem einzigen interessierten Kind noch genug bieten konnte, während ich gleichzeitig damit beschäftigt war, die anderen vom Unsinn machen abzuhalten. Ich nahm mir fest vor, wenn ich jemals eine eigene Kung-Fu-Schule eröffnen würde, müssten die Eltern und Kinder erst zum Gespräch kommen, damit beide Seiten sich und ihre Erwartungen kennenlernten, um dann entscheiden zu können, ob solch ein Kurs der richtige ist. Simples Beschäftigungsprogramm kann man schließlich auch günstiger haben.

Gab es überraschenderweise mal einen sonnigen Herbsttag, war ich mit dem ebenfalls erwachsen gewordenen Moped im Bergischen Land, im Sauerland oder sonst wohin unterwegs und folgte den Einladungen einiger Kampfkunstschulen. So lernte ich jedes Mal neue Leute kennen, die meine Interessen teilten. Dabei ging es mir nicht darum, nur Kung-Fu-Begeisterte zu finden, ich blieb auch offen für andere Richtungen. Das gegenseitige Inspirieren war mir viel wichtiger, als in kindliche Auseinandersetzungen zu verfallen, was denn nun die bessere Kampfkunst sei. Auf diesem Weg stieß ich nicht nur auf erstklassige Sportler, sondern gleichfalls auf Leute, die mich durch ihren Charakter beeindruckten. Meine Meinung, dass man auf die Schüler achten sollte, möchte man einen Meister erkennen, wurde ebenfalls bestätigt. Somit erledigte sich bis zum Winter auch nach und nach die Sorge um die fehlenden Trainingspartner.

Vor Angeboten kaum noch zu retten

Tat auch mal gut, faul auf der Couch zu liegen und einfach so in den Erinnerungen zu kramen, bevor es wieder losging zu einem Seminar oder zum eigenen Training. Das Jahr 2012 startete bei gleichbleibendem Trainingspensum doch eher gemütlich. Letztes Jahr um diese Zeit war ich noch in China gewesen … Wie weit weg mir alles jetzt schien. Hin und wieder telefonierte ich mit Tobi, der vorhatte, mich zu besuchen. Denn da gab es noch viel zu erzählen. Tobi war nach dem Austritt aus dem EPO Wushu College noch für vier Wochen in China geblieben. Ja, in Peking wurde er sogar für eine Nebenrolle in einem Actionfilm verpflichtet. Natürlich musste er dort den Bösen spielen. Aber mehr würde ich bei seinem Besuch erfahren. Mit Meister Jia mailte ich auch ab und zu, und er wollte unbedingt, dass ich ihn nochmals besuchen kommen sollte. War auch mein Plan, doch zunächst musste ich dafür die erforderlichen Mittel zusammenbekommen. Sie alle hatten ja ihren festen Job – ich nicht.

Im Februar wurde auf VOX der zweite Teil der *Spiegel TV*-Doku ausgestrahlt, den ich mir allerdings, wie auch den ersten Teil, nicht ansah. Ich mochte mich nicht selbst in einem Film sehen müssen.

Stets hatte ich in Bruce Lee, was die kämpferische Seite anbelangte, mein großes Vorbild gesehen. Als ich dann in der Fernsehzeitung den Titel der Doku »Der deutsche Bruce Lee« las, war ich nicht sehr begeistert. War meines Erachtens etwas weit hergeholt. Allerdings braucht ein Film einen Titel, und am besten einen, der neugierig macht. Und das tat er wohl.

Nach der Ausstrahlung hörte das Telefon bald nicht mehr auf zu klingeln, und E-Mail-Eingang und Briefkasten an der Tür quollen über. Ich erhielt Angebote über Angebote als Trainer, als Interviewpartner, als Vortragender, als Exot … Nein, vor irgendeinem Publikum irgendwelche Bruchtests zeigen, so weit sollte es nicht kommen, auch nicht für Geld. So viel Fanpost – okay, das waren nicht nur Fans, die da schrieben –, so viele Wäschekörbe hatten wir gar nicht, also erst mal alles in einem großen Sack gesammelt, das war Lesestoff für Jahre.

Meine Mutter kam eines Morgens mit einer Nachricht, die mir mal wieder zeigte, wie verdammt klein die Welt doch war. Eine Thailänderin, die ebenfalls in Solingen lebte, hatte sie angesprochen. Ihr Onkel leitete als Abt ein buddhistisches Kloster in Thailand. Sie hatte, nachdem sie die Doku gesehen hatte, mit ihm gesprochen, und ihr Onkel dort hatte, auf welchem Wege auch immer, bereits von mir gehört. Durch seine Nichte kam nun die Einladung an mich, für drei, vier Monate oder sogar länger das Kloster zu besuchen. Ich sei herzlich willkommen.

Ohne lange zu überlegen, blickte ich in meinen vollen Terminkalender. Ich war für die nächsten Monate fast durchgängig verplant. Und ich war auch froh darüber, dass alles so gut lief und ich jede Menge Erfahrungen sammeln konnte, das hatte ich mir ja auch gewünscht. Trotzdem ist eine Stimme in mir, die sagt, dass diese Reise da irgendwie hineingezimmert werden muss – ohne von den verabredeten Terminen etwas abzusagen. Ich hatte doch gerade frei sein und mich nicht an eine eigene Kampfschule binden wollen, um Chancen, die sich auftaten, auch annehmen zu können. Und für mein eigenes Training war es egal, ob ich hier oder in Thailand war – so gut kannte ich mich inzwischen, dass ich mich darum nicht sorgen musste, zu wenig Bewegung zu finden.

Drei oder sogar vier Monate waren jedoch eine utopische Zeitspanne, so lange konnte und wollte ich nicht weg, auch weil ich die hier im Aufbau befindliche Existenz nicht gleich wieder schreddern wollte; also sehen, was machbar war.

16 Tage im April für eine Thailandreise, das konnte ich einrichten. Su, meine thailändische Reiseleitung, die Nichte des Abts, war enttäuscht, dass ich mir nicht mehr Zeit nehmen wollte. »Wir möchten dir so gern unser Land zeigen«, sagte sie. Doch sie freute sich ebenso darüber, dass ich mich überhaupt wieder auf den weiten Weg machen wollte.

Ich ging völlig locker an die Vorbereitungen heran.

Meine Eltern taten es mir nach. Zwei Wochen Thailand, was war das schon?

Meine Freunde und Bekannten aber hörten nicht auf, mich mit Fragen zu löchern, vor allem verstanden sie nicht, dass ich nicht länger blieb. Mir war meine Eigenverantwortlichkeit aber nun mal wichtiger als eine Auszeit. Das Land reizte mich, der Besuch eines Klosters auch – Kaiserslautern und Otterberg lagen hinter mir, und ich fühlte mich bereit für neue Erfahrungen. So wie kein Mensch wie der andere ist, würde sicher auch kein Kloster so ganz wie das andere sein. Welche Menschen würden mir dort begegnen? Was konnte ich dort vielleicht für meine geistige Entwicklung mitnehmen?

Sehr von Vorteil war, dass Su und ich uns zur Vorbereitung der Reise treffen konnten und uns schließlich gemeinsam auf den Weg machten. Durch ihre Adern floss zum Teil chinesisches Blut, und sie sprach auch – neben Deutsch – etwas Chinesisch. So alberten wir in Wartezeiten mehrsprachig herum. Scherze, die niemand anderes hören sollte, tauschten wir nur auf Chinesisch aus.

Thailand, neue Erfahrungen

Ich war noch nie der klassische Städteurlauber. Beschaulicheres ist eher mein Ding. So war ich verständlicherweise bei der Ankunft in Bangkok nicht gerade von Glückseligkeit befallen. Zumal mein erster Eindruck war, dass mein Klagen über die schlechte Luft an einigen Orten Chinas völlig übertrieben war. Hier und nur hier war der Smog, so zumindest meine erste Einschätzung, und eine Bestätigung dafür erhielt ich nach wenigen Stunden. Die Haut von Gesicht und Armen fühlte sich sonderbar an, und als das Wasser der Dusche die besagten Stellen benetzte, verfärbte es sich umgehend in eine dunkle Brühe. Etliche Kilo an Autoabgasen schienen sich innerhalb weniger Stunden auf meinem Körper niedergelassen zu haben. Die Städte, die ich in China bereist hatte, waren dagegen die reinsten Luftkurorte.

Zum Essen hatte mich Su in eines dieser kleinen typischen Lokale geführt, ähnlich den Garküchen, wie ich sie von China her kannte. Das Curry, das ich aß, schmeckte ein wenig pikanter und etwas schärfer als die vergleichbaren Gerichte in China, ganz mein Geschmack. Eine schöne Einladung, fortan würden wir uns mit dem Bezahlen aber abwechseln.

In einem für meine Verhältnisse teuren, deswegen aber nicht unbedingt guten Hotel verbrachte ich die erste Nacht damit, den winzigen Mitbewohnern andere Wege als die durch mein Bett aufzuzeigen. Ob Ameisen besonders clever sind, das wusste ich nicht, doch sie waren sehr, sehr stur, mehr noch als ich. Darum gab ich irgendwann auf und hoffte, dass sie nicht so zahlreich auftraten, um mich aus dem für mich vorgesehenen Bett zu werfen.

Zum Frühstück griff ich auf einen schnellen Supermarkteinkauf vom Vortag zurück, dann stand Su schon wieder auf der Matte und weiter ging es. Rein ins Auto, auf zum Sightseeing. Lieber hätte ich mich zu Fuß voranbewegt, doch schnell wurde mir klar, dass ich dann nur einen Minibruchteil der Stadt sehen würde. Außer mir hatte sich anscheinend auch der ganze Rest der Stadt aufgemacht, sodass bereits jetzt richtig »dicke« Luft herrschte. Auf diese Art lernte ich einige Stadtteile Bangkoks kennen, jedoch nur aus dem fahrenden Auto heraus. Ein Wat ist eine Tempelanlage, erfahre ich während der Fahrt. Dort ist der Wat Phra Kaeo, der beherbergt den Smaragd-Buddha; hier ist der Wat Pho, der älteste und größte Tempel Bangkoks; da vorne siehst du … Thais laufen wohl nicht gern, konnte ich feststellen.

»Jetzt halten wir bei einer Thaibox-Schule«, sagte Su auf einmal. Sofort stieg mein Wohlfühlpegel deutlich an. Ich hatte schon darüber nachgedacht, wie ich das Programm mit freundlichen Worten in eine andere Richtung lenken konnte. Umso schöner, jetzt durfte ich auch endlich mal wieder aussteigen und auf den eigenen beiden Beinen laufen.

Wir verließen das Taxi und gingen wenige Schritte in einer Nebenstraße. Durch ein offen stehendes Holztor gelangten wir auf einen großen Hof, auf dem einige Sportler mit dem Training beschäftigt waren. Ein freundlich lächelnder Thailänder kam auf uns zu, begrüßte uns wortreich, so nahm ich jedenfalls an, denn er sprach Thai. Su erklärte ihm, wer wir waren und woher wir kamen.

Weiterhin freundlich, bat er uns näher zu treten, legte dabei seinen Arm um mich und führte mich zu dem Boxring, in dem zwei Thais gerade mit dem Sparring befasst waren.

Bei 36 Grad im Schatten und einer sehr hohen Luftfeuchtigkeit schwitzten nicht nur die Akteure im Ring oder die, die gerade mit anderen Trainingseinheiten befasst waren. Selbst die Kampfsportler, die in Hängematten oder auf einem Stuhl ruhten, schwitzten vor sich hin. Mir erging es nicht anders.

Zunächst mit einigen Brocken Englisch, dann mit Händen und Füßen und schließlich mit der Übersetzung von Su kam heraus, dass sie mich in dieser Schule kannten. Nicht wirklich, aber sie hatten ein Bild von mir ausgedruckt, das sie auf Youtube oder bei Google gefunden hatten. Das freute mich zwar, aber jetzt befürchtete ich auch, dass sie die Erwartungen an mich zu hoch ansetzten. Früher hatte ich mich ja im Thaiboxen geübt, doch das lag lange zurück. Und hier waren, wie ich erfuhr, eindeutig Profis am Werk, die mit dem Kämpfen zum Teil recht erfolgreich ihren Lebensunterhalt verdienten, so übersetzte Su. Mit einem Lächeln hielt mir der gute Mann das gefundene Bild vor die Nase, und damit kam die Einladung, am Training teilzunehmen.

Trainingsklamotten hatte ich nicht dabei, aber da meine Kleidung durchaus bequem geschnitten war, sprach nichts dagegen.

Bereits beim Aufwärmen ging es ordentlich zur Sache, ein Halbprofi würde hier womöglich schon aussteigen, zumal die Temperaturen in den ringsum offenen Räumen sich kaum von denen draußen in der Mittagshitze unterschieden. Dehnen, die Glieder lockern und dann die muskelstärkenden Übungen. Ja, Liegestütze, tiefe Stände oder der Entengang sehen gleich aus, egal welche Kampfsportart man ausübt. Ein anschließender Sparringskampf durfte selbstverständlich auch nicht fehlen, und da erwies es sich als vorteilhaft, dass ich frühzeitig gelernt hatte, mich nicht »einlullen« zu lassen. Saßen oder lagen die Kämpfer eben noch fast lethargisch auf dem Boden herum, waren sie von einem auf den anderen Moment voll bei der Sache. Sozusagen 100 Prozent auf Abruf, als würde ein Lichtschalter betätigt. Und die Jungs waren richtig gut, sehr gut sogar. Da gab es außer mir sicherlich noch den einen oder anderen Meister, der hier einiges gelernt hätte. Neues aufgreifen und Inhalte mitnehmen, die wunderbar in mein Trainingsprogramm passen, konnte ich also auch in dieser Thaibox-Schule.

Nach dem Training nahmen sich zwei der Meister noch Zeit, und ich bekam ein paar Kniffe gezeigt, und auch Tipps waren trotz fehlender gemeinsamer Sprache kein Problem. Wo Geist und Herz vorhanden sind, da bilden sprachliche Unterschiede keine Barrieren, das hatte ich auch schon in China erfahren.

Wie gern wäre ich am nächsten und übernächsten Morgen zum Training wiedergekommen, aber mit meiner Entscheidung im Vorfeld, nur begrenzte Zeit in Thailand zu verbringen, hatte ich mich dieser Chance selbst beraubt.

Su bemühte sich nicht nur außerordentlich, sondern war geradezu davon besessen, mir ganz Thailand in zwei Wochen zu zeigen. Kreuz und quer ging es während dieser ersten Tage mal in den Süden, dann wieder rauf in den Norden, vom Osten in den Westen und zurück auf Start und wieder von vorn. Als Highlight schlichen wir uns nachts einmal kurz über die Grenze nach Myanmar. Außer Bäumen und der Dunkelheit war nicht besonders viel zu erkennen, und ständig hatte ich die Befürchtung, dass irgendwann ein Zöllner auftauchte und wir Schwierigkeiten bekämen. Obwohl mir selbst Zweifel kamen, ob hier ein Grenzer überhaupt Dienst tat, so laut wie Su erzählte und lachte und rumalberte. Die Straße, nein, es war keine richtige Straße, eher ein Feldweg oder Dschungelpfad, machte nicht den Eindruck einer offiziellen Grenzstation. Außer den nächtlichen Geräuschen des Waldes und unseren Schritten herrschte Stille. Vielleicht mussten wir mehr Angst haben, irgendwo auf Drogenschmuggler oder andere zwielichtige Typen zu treffen. Da es wegen der Dunkelheit nichts zu sehen gab, machten wir uns lieber wieder auf den Rückweg.

Das gesamte Ausflugsprogramm war sicher sehr gut gemeint, nur saßen wir dabei die meiste Zeit eben im Auto. Gerade als ich mich darauf vorbereitete, in einen Streik zu treten, denn ich verspürte vom langen Sitzen bereits Muskelkater, bekam ich mit einem asiatischen Lächeln gesagt, dass wir heute zu einem Kloster fahren würden, in dem ich ein paar Tage oder, wenn ich wollte, auch Monate verbringen dürfte. Also rasch ein paar Sachen gepackt und doch noch einmal ins Auto.

Die Strecke zog sich. Auf meine Nachfrage hin erfuhr ich, dass es noch etwa zehn bis 15 Kilometer dorthin seien.

»*Please, stop!*«, rief ich dem überraschten Fahrer zu, der jedoch sofort in die Bremsen stieg. Su war überaus verwundert, als ich aus dem Auto stieg und erklärte, dass ich den Rest der Strecke gern zu Fuß zurücklegen würde. Es war zwar vielleicht an die 40 Grad, die Temperaturen waren um einiges höher, als ich sie in China wahrgenommen hatte, aber Smog herrschte hier zum Glück nicht. Den Gesichtern von Su und vom Fahrer sah ich an, dass sie mich für ein bisschen »plemplem« hielten, weil ich nicht in das klimatisierte Auto zurückwollte. Doch dann war Su bereit, mir den Weg zum Kloster zu erklären; und als ich langsam zu laufen begann, zuckelte der Wagen gemütlich hinter mir her. Die Sorge, dass mir etwas zustoßen könnte, schien ihr wohl einfach zu groß. Erst nachdem ich mehrfach mit den Armen Zeichen zum schneller Fahren gegeben hatte und rief, dass sie ruhig vorausfahren sollten, rauschten sie an mir vorbei. Doch nie so weit weg, dass ich in der Ferne nicht noch das Auto sehen konnte. – Mir ging es bestens, endlich wieder Bewegung.

Nach einer guten Stunde an frischer Luft erwartete mich am Klostereingang Su mit einem Mönch in einer orangefarbenen Robe an ihrer Seite, es war der Abt, Sus Onkel. Auch er sprach nur wenige Brocken Englisch. Aber auch jetzt machte ich diese schöne Erfahrung, wie viel man sich ohne Worte eigentlich sagen kann.

Der Abt war bereits vor Tagen von Su telefonisch in Kenntnis gesetzt worden, dass wir kommen. Seine Einladung, für einige Tage in dem Kloster zu leben, nahm ich gern an, und sogleich wurde ich mit den ersten Regeln vertraut gemacht.

Für mich der wichtigste Hinweis: Hier darf ich auch Kung-Fu-Übungen machen. Es wird sogar gewünscht, damit die Kinder und Jugendlichen, die in dem Kloster leben, mal eine andere Form der Bewegung kennenlernen. Der Tagesablauf war natürlich strikt geregelt: aufstehen in der Frühe, so gegen fünf Uhr; damit hätte ich keine Probleme. Mahlzeiten gab es zwei am Tag, eine am frühen Morgen und die letzte zum Mittag. Das könnte für mich die größte Anstrengung bedeuten, doch damit musste ich mich abfinden, sah darin für ein paar Tage aber auch kein riesiges Problem. Zumal ich in meinem Rucksack ausreichend Energiespender für zwischendurch eingepackt hatte.

Die Putz- und Aufräumdienste, für die ich eingeteilt wurde, sollten ebenfalls keine Hürde sein, die ich nicht nehmen konnte. Immerhin hatte ich so einen Job vier Jahre lang in leitender Stellung ausgeübt. Da konnte mich das Putzen und Geschirrspülen überhaupt nicht schocken.

Also nur noch in die weiße Tracht geschlüpft, die »Gastmönche« hier erhielten, und hinein ins Klosterleben.

In meinem nicht zu großen Einzelzimmer stand als einziges Mobiliar ein niedriger, langer Tisch. Dieser Tisch war mit einer überaus starken, massiven Holzplatte versehen, die ebenfalls als Sitzbank und Bett Verwendung fand. Da auf jeglichen Komfort verzichtet wurde, fehlte es auch an einem Laken oder einer Decke, und an ein Kopfkissen dachte ich nicht mal. Schlafen bedeutete in diesem Kloster also, blanker Körper auf blankem Holz.

Ein winziges Fenster konnte meine Gedanken an verschärfte Einzelhaft nicht gänzlich verdrängen. Wie schade, dass nicht wenigstens der Mond am rechten Platz stand, dann hätte das Ganze noch eine romantische, sehnsuchtsvolle Note bekommen. So aber war es schlichtweg karg und kühl. Letzteres aber nicht im wörtlichen Sinne. Denn nachts herrschten hier tropische Temperaturen um die 20 Grad. Deshalb wäre ein etwas größeres Loch in der Mauer, das vielleicht mehr einem Fester geglichen hätte, nicht schlecht gewesen. Das käme dann aber wiederum einer überaus freundlichen Einladung an die Mücken gleich.

Für ein paar Tage war das Zimmer durchaus akzeptabel. Und ich schätzte es auch, keine Sonderbehandlung zu erhalten, alle Zimmer waren gleich ausgestattet.

Sehr angenehm am Tag empfand ich den großen, überdachten und nach allen Seiten offenen »Raum«, der zum gemeinschaftlichen Essen und für Unterrichtsstunden genutzt wurde. Mangels Klimaanlage oder Ventilatoren bei den hohen Temperaturen und der Schwüle eine willkommene Bauweise.

Welche anderen gemeinschaftlich genutzten sanitären Einrichtungen wären hier passender als ein Loch im Boden, neben dem ein Wassertrog mit Kelle die Spülung ersetzte? Mit Kelle, immerhin mit einer anderen, wurde auch der Duschvorgang zur Körperreinigung verrichtet. Eine Kelle zum Anfeuchten, einseifen mit dem großen Stück Seife und abspülen mit der nächsten Kelle Wasser – Klosterfeeling pur.

Die massenhaft auftretenden Mücken – wie fanden die nur alle den Weg durch das winzige Fensterloch? – und die unnachgiebige Schlafunterlage bewirkten, dass ich morgens bereits vor der Dämmerung auf den Beinen war und draußen ein paar Lockerungsübungen machte. Nur Dunkelheit und Bäume um mich herum. Keine Mauer, kein Tor begrenzte das Areal, jeder konnte jederzeit rein- oder rausmarschieren. Keine Angst vor Dieben also. Außer diesen vielseitigen Tischen gab es scheinbar auch nichts zu holen.

Mit der morgendlichen Dämmerung hielt das Leben Einzug ins Kloster. Nach und nach trafen die Mönche und Novizen im Gemeinschaftsraum ein, bereit, die benötigten Mahlzeiten zu beschaffen. Ach so, ich vergaß fast zu erwähnen: Die im Kloster angebotenen Mahlzeiten standen natürlich nicht einfach bereit, es machte einem auch hier niemand das Frühstück. Und ich wurde nicht mit einer langen Liste zum Supermarkt geschickt, zumal es in der Nähe auch gar keinen gab. Einen Garten mit Früchten und Gemüse konnte ich aber auch nicht entdecken. Es galt, die benötigten Speisen von der umliegenden Bevölkerung zu erbitten, und so wurde ich herzlich in den Kreis der versammelten Bettelmönche aufgenommen. Weil die Häuser der Nachbarn weit verstreut lagen, zogen wir in zwei Gruppen los. Die Novizen in jeder Gruppe rüsteten sich mit Schalen und Jutetaschen aus.

Ich war schon sehr überrascht, wie frühzeitig die Nachbarn auf den Beinen waren und bereit standen, gern ihr Essen zu teilen. Die bereits ausgebildeten Mönche sprachen ein Gebet, woraufhin das Essen an die Novizen übergeben wurde. In die Schalen kam der fertig gekochte Reis, in die Jutebeutel gehörte das Obst oder das bereits gegarte Gemüse, welches wiederum in Plastiktüten verpackt war.

Nach gut einer Stunde machten wir uns auf den Weg zurück zum Kloster, wo zunächst das Großreinemachen auf uns wartete. Dann gab's endlich Frühstück. Die Mönche bekamen als Erste ihre Mahlzeit und saßen und aßen separiert von den Novizen und mir, dem Besucher aus Deutschland. Der eine Teil der gesammelten Lebensmittel ging für das Frühstück drauf, der andere Teil wurde aufgehoben und zum Mittag serviert. Gekocht hatten bereits die Spender, sodass es ein warmes Frühstück gab, zum Mittag wurden die Gerichte kalt gegessen – bei der Hitze am Tag überaus angenehm. Löffel und Stäbchen dienten als Besteck, kleine Plastikschüsseln oder leere Kokosnussschalen als Teller.

Einen Ruhetag kannte dieses Kloster nicht, jeden Tag waren die Aufgaben zu erledigen. Auch der Schuldienst. Im Kloster wurden nicht nur die buddhistischen Lehren vermittelt, das Kloster fungierte darüber hinaus als Schule für Kinder, denen der Zugang zu sonst üblichen Bildungswegen verschlossen war. Kinder aus armen Elternhäusern erhielten hier die Möglichkeit, das Lesen, Schreiben, Rechnen und was sonst dazugehört zu erlernen.

Auch ich sollte nun am Nachmittag Kinder unterrichten, aber natürlich nicht in einem Regelfach. Es waren Jungen, alles angehende Mönche sozusagen, die ganz wild darauf waren, etwas von meinen Bewegungskünsten zu sehen. Ich begann erst einmal mit einer leichten Übung, auch um mich warm zu machen für Weiteres. Ich verlagerte das Gewicht im Wechsel von einem Bein auf das andere, drehte meinen Rumpf zur linken wie zur rechten Seite und ließ dabei beide

Arme kreisen. Zunächst ganz langsam, dann etwas schneller und noch schneller und noch schneller. Die Kinder machten große Augen und schienen bei diesen jetzt doch sehr schnell drehenden Armen nur noch darauf zu warten, dass ich langsam wie ein Helikopter vom Boden abhob. So sah man es ja auch in alten Kung-Fu-Filmen.

Kung-Fu lernen in vier Tagen ist natürlich unmöglich. Darum ging es ohne viele Worte weiter mit dem gemeinsamen Warmlaufen, mit Liegestützen in allerlei Variationen, Dehnübungen und und und – ein typisches Programm eben. Zu meiner Freude hatten die Jungen viel Spaß dabei. Jeden Tag gab es nun ein, zwei Stunden Sport für sie, dann wartete schließlich noch das klostereigene Lernprogramm auf die Schüler.

Für mich blieb während der regulären Unterrichtsstunden ausreichend Zeit zur Meditation und um selbst fleißig zu üben, denn Thai hätte ich in vier Tagen wohl nicht zu lernen vermocht.

Wie immer, wenn ein Willkommen vorangegangen war, stand irgendwann die Zeit des Abschieds an. Diesmal fiel mir der Abschied besonders schwer. Nicht, dass ich die endlosen Mückenschwärme vermissen würde, die jeden Abend, wie von einer inneren Uhr angetrieben, pünktlich auftauchten. Sie hatten deutliche Spuren auf meinem Körper hinterlassen. Es war auch nicht unbedingt die sanitäre Anlage, auf die ich nicht verzichten mochte oder gar das variantenreiche Möbelstück meines Zimmers. – Dazu möchte ich noch anmerken, dass ich von niemandem hier Klagen über Rückenprobleme gehört habe. Vielleicht ist die Holzplatte doch die Alternative zu Wasserbetten und Kaltschaummatratzen. – Die Freundlichkeit der Leute und gerade der heranwachsenden Mönche, die würde mir sehr fehlen. Die Kinder hingen an meinen Armen und Beinen und wollten mich nicht gehen lassen. Und mir fehlten leider die Worte, um ihnen in ihrer Sprache sagen zu können, wie wohl ich mich bei ihnen gefühlt habe.

Für die letzten drei Tage nahm ich mir eine Auszeit und machte mich ohne Su auf den Weg, um meine Füße einmal ganz entspannt in das fremde Meer zu tauchen.

Natürlich konnte man in gut zwei Wochen kein ganzes Land erkunden, aber ich war überrascht, wie viel Gedankenstoff ich in der kurzen Zeit hatte mitnehmen können. Vor allem konnte ich meine Eindrücke, die ich von China hatte, jetzt besser vergleichen. Für mich nicht unwesentlich: Das Essen schmeckte hier wie da gut, in China war es mir vielfältiger vorgekommen, dafür in Thailand kräftiger oder schärfer gewürzt, was ich sehr mochte. Und die Klöster, die ich mir in China angeschaut hatte, machten von den Räumlichkeiten her einen gepflegteren und komfortableren Eindruck. Wobei ich natürlich nicht sagen konnte, wie all die anderen thailändischen Klöster aussahen. Einen großen Unterschied stellte ich im Verhältnis zwischen den Meistern und den Schülern der Ordenshäuser fest. Während den Meistern der chinesischen Klöster sehr viel Ehrerbietung, fast schon Unterwürfigkeit entgegengebracht wurde, ging es in dem thailändischen Kloster bei Weitem relaxter zu. Was nicht bedeutete, dass der Umgang hier respektlos verlief. Die Herangehensweisen waren einfach verschieden. Und solche Einsichten waren für mich Gold wert: Es ging eben auch immer anders!

Buddhisten lebten hier wie dort, wobei der sich zu diesem Glauben bekennende Bevölkerungsanteil hier bei Weitem höher lag als in China.

Der Gedanke, doch wieder länger oder gar dauerhaft in ein Kloster zu ziehen, kam in keinem Augenblick mehr auf. Für einen Gastaufenthalt genoss ich das reduzierte Leben in dieser buddhistischen Ordensgemeinschaft aber fast, es gab zwar auch hier eine unumstößliche Hierarchie, aber sie trat bei all der Freundlichkeit und Hilfsbereitschaft, die die Ordensbrüder an den Tag legten, in den Hintergrund. Hier konnte man spüren, worauf es im Wesentlichen ankam im Leben. Hier wurde Buddhismus für mein Verständnis gelebt und war nicht nur ein Unterrichtsfach. Es gibt nun mal nicht den Buddhisten, wie es auch nicht den Christen gibt. Man muss einfach versuchen, die guten Vorsätze zu leben.

Ich hoffte, dass ich etwas von dieser Leichtigkeit und zugleich Tiefe im thailändischen Kloster und von dieser Stimmigkeit mit in mein Leben nach Deutschland nehmen konnte.

Was kommt nach Kloster, China und Thailand

Zu Hause erwarteten mich nicht nur die erfreuten Eltern, es warteten auch der volle Terminkalender, noch mehr Säcke an Post und weitere Anfragen für mögliche Jobs als Trainer oder Vortragender.

Im ersten Moment schön, so gefragt zu sein, in den weiteren aber auch anstrengend. Und bei allem immer wieder die gleiche Frage: »Warum machst du denn nicht deine eigene Kung-Fu-Schule auf?«

Vielleicht später, dachte ich.

Zuerst widmete ich mich einem Sack voller Briefe und Päckchen aus allen Teilen Europas, wenn ich damit jetzt nicht anfing, würden die Zuschriften noch mein Zimmer überwuchern.

Viele anteilnehmende und echt nette Briefe las ich, über die ich mich natürlich freute. Ich bekam kleine Geschenke, Glücksbringer, Poster, Bücher, die mir helfen sollten, mehr von meinem Weg zu verstehen. Es wurden mir unendlich viele Fragen gestellt, sodass ich vor einem ganz großen Dilemma stand. Ich fing an neben meinen Arbeitsterminen und meinem Training Antwortschreiben zu verfassen. Doch die Postberge wurden nicht kleiner, täglich kamen neue Sendungen dazu, nach zwei Wochen passte ich. Ja, ich gab auf, um in meinem schon so durchgestalteten Leben noch ein wenig freie Zeit zur Verfügung zu haben. Allein mit dem Lesen verbrachte ich noch gut ein paar Monate.

Und es gab natürlich auch kritische Stimmen und Angriffe, vor allem im Internet, worauf mich Freunde aufmerksam machten. Boshafte Angriffe wurden meist von anonymen Schreiberlingen geäußert, die sich anscheinend nicht trauten, mit ihrem Namen zu ihrer Meinung zu stehen, wohl deshalb, weil sie selbst am besten wussten, auf wie dünnem Boden sie austeilten, weil sie eigentlich keine Ahnung hatten. Schon mal gar nicht von meinem Leben, über das sie sich ereiferten: Diejenigen, die nicht wirklich etwas zu sagen haben, sind meist genau die, welche unentwegt schwätzen.

Vor allem mein Ausscheiden aus dem Klosterbetrieb stand bei einigen zur Diskussion. Verlief nicht gerade in der erhofften buddhistischen Harmonie, das stimmt schon. Es war auch wirklich kein Zuckerschlecken damals im Shaolin-Kloster in Deutschland. Dieses Gefühl der Enge, das Empfinden, wachsen zu wollen, jedoch die zu enge »Kleidung« nicht ablegen zu können, diese Gefühle überrollten mich förmlich während meiner letzten Monate als Novize. Selbst zu spüren, da ist noch etwas anderes, da geht noch deutlich mehr – auch in sportlicher Hinsicht, nur eben nicht an diesem Ort, das brachte viel in Bewegung.

Keine Regel befolgen, nur weil sie eine Regel ist, nicht einfach hinnehmen, sondern hinterfragen, vor allen Dingen eigene Gedanken fassen – alles buddhistische Leitsätze, deren Umsetzung im Klosterleben schwer möglich war. Nichtsdestotrotz hatte ich die Kampfkünste und den Buddhismus im Shaolin-Kloster intensiv vermittelt bekommen. Bestätigung dafür fand ich nicht nur während meiner Klosterzeit, sondern auch während meiner Asienaufenthalte.

Ja, in einschlägigen Foren wurde schon mal gefragt, ob ich denn wirklich das richtige Kung-Fu erlernt hätte. Und ich kann nur sagen, selbstverständlich. Weshalb sollten mich chinesische Großmeister und Mönche nicht das Richtige lehren. Aber das richtige Kung-Fu ist ebenso häufig anzutreffen wie die richtige Erbsensuppe. Alles ist eine Sache des Geschmacks und nicht in einer Ferndiagnose zu beurteilen. Nur so ist zu verstehen, dass Kampfkunstschulen mit traditionellem Shaolin-Kung-Fu für sich werben und gleichzeitig darauf hinweisen, dass diese Kunst auf den deutschen Sportler zugeschnitten ist. Etwas viel wirres Zeug auf einmal, finde ich, und ich möchte nicht hoffen, dass daran die Qigong-Übung Schuld trägt, bei der man sich zu Demonstrationszwecken Eisenplatten auf dem Kopf zerschlägt. Denkbar wäre es schon, oder nicht?

Bedauerlich an mancher Form der Kritik fand ich lediglich, dass auf diese Weise die anerkannten chinesischen Kapazitäten angegriffen wurden, die an meiner Ausbildung beteiligt waren.

Meine Lehre verlief eben anders als in manch einer Shaolin-Kung-Fu-Schule, die Ausbildungsinhalte wurden auch nicht auf meine Nationalität zurechtgeschnitten. Eventuell kann ich anderen die beschwerliche Anreise nach China aber ersparen, indem ich noch einmal anmerke: In China wird »Wushu« als Sammelbegriff für die Kriegs- bzw. die Kampfkunst verwendet – und bezieht auch Weiterentwicklungen, die nicht negativ sein müssen, mit ein. »Nichts ist von Dauer, alles befindet sich im steten Wandel«, möchte ich den Leuten zurufen, die immer wieder die Tradition als Maßstab setzen.

Glaubt man der Geschichte, dann hat »Wushu«, die

Kriegskunst, welche wir in Deutschland als Kung-Fu bezeichnen, einen langen Entwicklungsprozess hinter sich. »Modernes Wushu« wäre demzufolge, die Kriegskunst auf den heutigen Stand der Technik und des Wissens gebracht. Sehr vernünftig, denke ich.

Für mich gilt es, zu experimentieren und Neues zu versuchen, ohne die Tradition zu vergessen. Einfach mal über den Tellerrand schauen und gegebenenfalls mit bestehenden Regeln brechen.

»Wer sich das Alte noch einmal vor Augen führt, um das Neue zu verstehen, der kann anderen ein Lehrer sein«, hat schon Konfuzius gesagt. Dieser Weisheit schließe ich mich gern an.

Das war es dann aber auch mit der Kritik.

Eine der häufigsten Fragen, die immer wieder an mich gerichtet wird, ist, welche Kampfsportschulen ich empfehlen kann. Eine Frage, bei der ich die Antwort schuldig bleiben muss, weil ich nur gerade einmal eine gute Handvoll davon besucht habe. Ich bin mir jedoch sicher, dass es in Deutschland unendlich viele gute Schulen dieser Art gibt, welche nicht einmal unbedingt etwas mit Shaolin zu tun haben müssen.

So fand ich zum Beispiel eine zeitweilige »neue Heimat« in einer Schule im Sauerland. Sie hatte überhaupt nichts mit Shaolin zu schaffen, aber die Einstellung der Schüler und des Meisters stimmten.

Wer meint, in einer der Schulen gut aufgehoben zu sein, die damit werben, für Aufführungen auf Stadtfesten jeglicher Art, für Betriebsfeiern und Ähnlichem zur Verfügung zu stehen, der soll dort hingehen.

Möchte man wirklich etwas lernen und nicht zu einem Showevent werden, dann bleibt vielfach nichts anderes übrig, als den schweren Weg zu gehen und Erfahrungen zu sammeln. Darum nicht immer gleich denen vertrauen, die vollmundig das Beste versprechen, sondern »reinschnuppern«.

Zu häufig wird meiner Meinung nach auf lange Stammbäume von Lehrern verwiesen, die suggerieren sollen, wie gut das Selbsterlernte ist. Dabei ist nicht einmal erkennbar, was man selbst in der Lage war, davon aufzunehmen. Darum widerspreche ich auch den so bekannten Worten: »In einem gesunden Körper steckt ein gesunder Geist.« Mir ist schon klar, dass ich hierbei die Goldwaage benutze und dass endlos darüber diskutiert werden kann. Doch ich habe eben sehr viele Sportler kennengelernt, bei denen nur die sportliche Gesundheit überwog. Ist ja auch nicht schlecht, Hauptsache gesund und munter.

Letztendlich komme ich zu der Auffassung, dass jeder die Schule finden wird, wo er sich wohlfühlt und die seinem Niveau entsprechend Körper und Geist in Übereinstimmung bringen kann.

Viele wollten von mir wissen, wie ich mein Leben nach der Zeit im Kloster, nach China und Thailand weiterführe.

Eine Frage, für die ich zeitweilig nach der richtigen Antwort oder Lösung suchte. Da war mein Wunsch, wieder nach China zu gehen. Nicht unbedingt für viele Monate, aber einige Wochen sollten es schon sein. Oder der Einladung von zwei Amerikanern folgen, mit denen ich ein paar Wochen den Nachtmarkt unsicher gemacht hatte. Sie soll ich in Kalifornien besuchen, und sie wollen mir bei meinem weiteren Weg behilflich sein. Sie hatten gemeint, dass ich dort große Chancen hätte, auf vielerlei Weise erfolgreich zu sein. Alles schön und gut, wird aber noch seine Zeit brauchen, bis ich mich aufmachen kann. Ich verbrachte in meiner Heimatstadt die Zeit erst einmal genauso wie zu Klosterzeiten; nur ohne einengende »Mauern«. Hielt mein gewohntes Training bei und den anderen Lernstoff. Darüber hinaus begann ich zu schreiben, dieses Buch hier. Ich hätte nie für möglich gehalten, wie schwer das ist, Gefühle und Eindrücke, die man locker in wenigen Minuten erzählt hat, in schriftlicher Form festzuhalten. Vielleicht war es aber genau die neue Herausforderung, die den Reiz ausmachte. Einerseits machte es großen Spaß, in meinen Tagebüchern zu lesen, was mich mal bewegt hatte und was ich über dies oder jenes gedacht hatte. Andererseits war es die Verbissenheit, vor einer völlig neuen Aufgabenstellung nicht einfach zu kapitulieren.

Weitaus weniger spaßig empfand ich es, den täglichen Lebensunterhalt zu bestreiten. War jedoch zwingend erforderlich, wenn ich all die anderen Dinge beibehalten wollte. Dazu nahm ich verschiedene Aushilfsjobs an, die etwas Kleingeld in die Taschen spülten. Die wenige Freizeit nutzte ich dann überwiegend, mich mal wieder nach neuen Schuhen fürs Laufen oder anderen wichtigen Sportutensilien umzusehen; manchmal auch, um den richtigen Duft für mich in einer Parfümerie zu finden. War mir in dieser Form zuvor lange nicht möglich, darum gönnte ich mir das jetzt.

Die Jobs in beliebten Fitnesstempeln wirkten ebenfalls eher ernüchternd auf mich. Dort hatte ich zwar die Möglichkeit, Kung-Fu zu lehren, doch der Eindruck, dass viele der Kinder nur zum Unterricht abgestellt wurden, störte mich immer noch. Nicht jedes Kind interessiert sich für diese Art der Bewegung, wenn überhaupt. Und manche Eltern scheint es noch weniger zu interessieren, was ihre Kleinen während der Kung-Fu-Stunde treiben. Sie sind einfach dankbar dafür, mal eine Stunde Freizeit für sich zu gewinnen. Einen Job als »Kindergarten-Cop« hielt ich für mich aber nicht als erstrebenswert. Deshalb war diese Beschäftigungstherapie nur von sehr kurzer Dauer.

Ideen, wie ich meinen weiteren Lebensweg gestalten möchte, habe ich viele, allerdings ist die Umsetzung nicht immer leicht. Manchmal scheitert es an ganz einfachen Dingen, wie zum Beispiel »der mangelnden Masse«. Das, was ich nebenher verdiene, reicht gerade, um einigermaßen über die Runden zu kommen. Etliche Anfragen zu dem einen oder anderen Projekt liegen zwar vor, aber richtig überzeugt bin ich nicht davon. Ich bin offen für Vorschläge, aber das Passende war noch nicht dabei.

Dann kommt plötzlich eine Anfrage, die in jeder Hinsicht verlockend erscheint. Sie stellt sich als sehr konkret heraus, und ich sehe die Möglichkeit, meinen Weg fortzusetzen. So, als wäre es eine Vorherbestimmung. Und nicht die erste, wie es mir vorkommt. Jeder meiner Schritte macht im Nachhinein Sinn. Nicht, dass ich an so etwas unbedingt glaube. Aber manchmal bin ich schon überrascht, wie sich wirklich das eine an das andere fügt und ich immer auf den Weg gelange, den ich gern gehen möchte.

Und wieder einmal treibt es mich dabei ins Ausland. Die Reise führt mich nach Spanien, nach Mallorca. Also nicht in so ganz weite Ferne, was vor allem meine Familie freut.

Hier lebe ich nun seit Februar 2013. Und die Luft ist hier bei Weitem besser als im chinesischen Dengfeng, von Bangkok ganz zu schweigen, und zudem liegt das Meer direkt vor der Haustür. Allerdings bin ich nicht als Urlauber hier. Wenn also ein schöner Sonnenauf- oder -untergang für eine tolle Stimmung sorgt oder die Temperaturen so hoch sind, dass selbst ohne viel Bewegung der Schweiß fließt, dann muss ich arbeiten wie alle anderen auch.

Zusätzlich zu meinem eigenen Ausbildungsprogramm unterrichte ich nun Kung-Fu, helfe Gestressten, wieder »runterzukommen«, mache Werbung für Freizeitbekleidung und für ein Internet-Reiseportal und finanziere so mein Leben.

Und morgens, im Winter, bei mildem Klima die Runden zu drehen ist natürlich weitaus angenehmer, als zu Hause durch den Schnee zu pflügen. Ja, ich fühle mich richtig wohl und kann sagen, dass ich in mir eine große Zufriedenheit verspüre. Als Endstation meiner Reise sehe ich mein jetziges Wirken allerdings noch nicht. Hey, ich bin ja auch gerade mal 25. Und kann ich auch gar nicht, wo sich doch alles im steten Wandel befindet und nichts für die Ewigkeit geschaffen ist.

Immer wieder trudeln auch hier auf Mallorca Interviewanfragen rein oder, wie vor wenigen Monaten, die Anfrage eines großen Fernsehsenders, ob ich nicht Lust hätte, an einer Castingshow teilzunehmen. Selbst habe ich mich jedoch nie als ein Supertalent gesehen, außerdem denke ich, dass in solchen Shows oftmals hervorragende Künstler auftreten, an deren Leistung ich nicht anknüpfen kann. Ich bin kein Künstler im üblichen Sinne. Wie also könnte mein Tun bewertet werden, wenn ich mich nicht einmal dazu berufen fühle, auf Stadtfesten den Clown zu spielen? Dieses Format passt also nicht zu mir, und ich denke nicht, dass ich mich dabei wohlfühlen würde. Zu nachhaltig sind meine Erinnerungen an den kurzen Auftritt im chinesischen Fernsehen. Nicht unbedingt mein Ding.

Spaß und Abwechslung gibt es hier im quirligen Cala Millor mehr als genug, wenn ich möchte. Hin und wieder zieht es mich aber raus, zu einem ruhigeren Plätzchen, das gar nicht weit entfernt liegt. Mit einem Platz auf den Felsen, entfernt vom Trubel, dafür mit einem wunderbaren Blick aufs Meer, füttere ich die Vögel, die sich ganz nahe an mich rantrauen.

Das ist dann auch der richtige Ort, um einmal darüber nachzudenken, was ich außer den mich stets beschäftigenden

Programmen weiter mit auf den Weg bekommen habe. Als ich als Jugendlicher ins Kloster aufbrach, war es nicht mein Bestreben, unbedingt anders zu sein als andere. Ich wollte lediglich mein Leben nach meinen eigenen Gedanken gestalten und mich nicht irgendwo reinpressen lassen, nur um anderen zu gefallen. Deshalb wundert es mich, dass viele so krampfhaft versuchen anders zu sein, sei es durch Kleidung, durch Frisuren oder durch Tattoos, sodass sie sich doch wieder so ähnlich werden.

Mein Leben wollte ich nicht mit dem Träumen verbringen, sondern meine Träume leben. Bislang ist mir das recht gut gelungen, mal schauen, wie's weitergeht.

Ja, ich denke, dass es vor allem die vielen Menschen waren, die anderen Kulturen, auf die ich traf, von denen ich viel lernte. Durch Beobachten, durch Zuhören oder eben auch durch die Erfahrungen, die ich mit ihnen machte. Es ist wohl weit mehr, als mir jede andere Lehre oder die besten Meister hätten vermitteln können. Manche Besonderheiten stachen einfach hervor und prägten sich besonders ein oder prägten mich. Zum Beispiel, wenn so häufig das Wort »Respekt« fällt. Nicht nur in den Kampfkünsten steht der Respekt ganz oben. Eigentlich sollte es ganz normal sein, dass man anderen Menschen gegenüber mit Respekt begegnet. Bedenklich wird die Sache erst, wenn sich Leute aufgrund eines Titels, eines Standes oder eines Amtes geradezu verzweifelt bemühen, diesen Respekt einzufordern. Ich bin nicht der Meinung, dass man Respekt einfordern kann. Respekt muss man sich verdienen. Wenn das gelungen ist, erst dann bekommt das dahinterstehende Amt oder der Titel seine Bedeutung. Ein Holzkopf ist und bleibt in erster Linie ein Holzkopf, Titel und Amt können darunter nur leiden.

Auch mein Bild rund um Shaolin hat sich im Lauf der Jahre verändert. Es ist nicht besser, jedoch keineswegs schlechter geworden; nur eben ein anderes.

Ich vertrete weiterhin die Auffassung, dass der Mensch nicht dazu geschaffen ist, alleine zu leben, und nur dabei zu höheren Zielen gelangen kann. Individuell mag das sehr unterschiedlich sein, und der ein oder andere mag in der Einsamkeit leichter ans Ziel zu gelangen. Für mich persönlich trifft das jedoch nicht zu, ich halte es in einem gewissen Maße sogar für eine egoistische Denkweise. – Andersherum müssten wir alle in Klöstern leben, wollten wir wahre Gläubige sein.

Vielleicht sollte man bei aller Ernsthaftigkeit, welche der damit verbundene Glaube und auch die Kampfkünste durchaus verdienen, etwas mehr Gelassenheit an den Tag legen. Da habe ich gleich bei mir angefangen und den ursprünglichen Schock, den ich beim Besuch des Shaolin-Tempels in China erlebte, dann doch überwunden.

So eine große und doch recht schöne Anlage benötigt nun einmal Einnahmen, um das alles erhalten zu können. Darum vergleiche ich das Handeln gern mit dem, was gelegentlich in meiner Heimatstadt auf Schloss Burg veranstaltet wird. Neben Darstellungen, wie das Leben im Mittelalter mal ausgesehen haben könnte, mit Märkten und Handwerkern in alten Trachten, finden auch Ritterspiele und Kämpfe statt. Alles gegen einen kleinen Obolus, denn die Burg will ebenfalls erhalten werden.

Ritter benötigt niemand mehr, und Kampfmönche wie zu des Kaisers Zeiten haben wohl gleichfalls an Bedeutung verloren. Allerdings gibt es im Shaolin-Tempel in China, wie ich gesehen habe, durchaus noch Mönche, die ihrem Glauben verbunden sind, und welche, die die Kampfkünste beherrschen. Etliche haben das Kloster aber auch verlassen. Der eine baute sich in der Stille der Natur ein eigenes Kloster, andere lehren die Kampfkünste an eigenen Schulen. Weniger glaubhaft sind die Lehren deswegen nicht.

Shaolin ist ein Mythos, den es durchaus zu erhalten gilt; die Frage ist eben nur, zu welchem Preis.

Manch einer will mit dem Namenszusatz Shaolin vielleicht auch einfach nur für mehr Einnahmen sorgen. Das sind zum Glück Dinge, die mich in keiner Weise betreffen. Ich bin froh, außerhalb von Verbänden und Institutionen, unabhängig meinen eigenen Weg zu gehen. So, wie es schon Mönche vor mir machten.

Für mich ist Shaolin selbst zu einem Weg geworden, und ich möchte es nicht mehr an geografischen Standorten festmachen. Shaolin-Tempel gibt es viele auf der Welt, aber es sind nicht die Gebäude, welche über die Ernsthaftigkeit bestimmen. Es ist lediglich das Tun und Handeln jedes Einzelnen, der seinen Weg geht. Nicht das Wo ist entscheidend dafür, sondern das Wie.

Derzeit genieße ich die milden Temperaturen auf Mallorca. Mir macht es Freude, mich mit entspannten Urlaubern zu unterhalten oder dem unterhaltsamen Treiben in einem gut besuchten Touristenort zuzuschauen. So einen kleinen Urlaubsort empfinde ich nicht unbedingt als hektischer oder unruhiger als die anderen Städte, in denen ich mich zeitweilig aufhielt. Und falls es mir mal wirklich zu viel wird, dann habe ich auch hier die Freiheit und Möglichkeit, mich zurückzuziehen.

Dass ich eine kleine Wohnung mein Eigen nennen konnte, das freute mich schon sehr. Die anfallenden Arbeiten, wie Putzen, Waschen, Kochen, waren mir seit Jahren keine unbekannten mehr, und der »seitliche Meerblick« entschädigte für vieles. Da ich mittendrin wohnte, im Ort, konnte es schon mal etwas lauter zugehen, sodass der Schlaf zu kurz kam. Und dann fehlte eine Heizung für den Winter. Deshalb bin ich im Herbst noch mal umgezogen.

Jetzt ist weniger Trubel um mich herum, dafür etwas mehr Wohnraum. Und von der Lage her komme ich mir in etwa so vor wie in »Pleasantville«. Also eher ein beschauliches Wohnen, vielleicht sogar etwas eingefahren, fast schon langweilig, aber wenn es mich dann mal ins Leben zieht, dann bin ich in wenigen Minuten dort.

Mit meinen 25 könnte ich eigentlich mit einem Motorrad über die Insel brausen oder mit Freunden Party machen. Eigentlich könnte ich dieses oder jenes beginnen, Vorschläge dazu bekomme ich mehr als genug. Eigentlich – aber manchmal ändert sich nicht viel, nur weil alles im Wandel ist, sondern findet eher geordnet seine Fortsetzung.

Mit dem Willen, auf geistiger Ebene das zu erlernen, was Shaolin auszeichnet, und dem Wunsch, mich auf sportlicher Ebene an den Besten zu orientieren, habe ich längst meinen Weg abseits von vorgefassten Strukturen gefunden. Und es ist nun mal so, jeder Weg beginnt mit dem ersten Schritt – oder auch schon mal mit einem Sprung. So unendlich viele Schritte habe ich bereits zurückgelegt, bin dabei gut vorangekommen, aber noch lange nicht am Ziel angelangt. Deshalb beginnt auch auf Mallorca jeder Morgen für mich so, wie ich vor Jahren begann, diesen Weg zu gehen; mit einem lockeren Warmlaufen über mehrere Kilometer.

Es ist halt ein langer Weg nach Shaolin.

Danksagung

Mit dem vorläufigen Ende meiner Wegbeschreibung kommt wieder ein schwieriges Stück auf mich zu. Dabei fällt es mir überhaupt nicht schwer, mich für erfahrene Hilfe und Zuwendung zu bedanken. Vielmehr ist es die Angst, dabei jemanden zu vergessen.

Darum auf diese Weise meinen herzlichen Dank an alle, die meinen Weg verfolgten, mich in Gedanken begleiteten und mir ganz fest die Daumen drückten.

Eine bessere Bestätigung dafür, dass ich zwar häufig allein, doch nie wirklich einsam war, kann es nicht geben. Danke, danke und nochmals danke.

Käme ich jetzt noch in die Verlegenheit, alle Meister der Kampfkünste aufzuführen, die mir ihre Kenntnisse weitergaben, mich teilweise formten und es mir letztendlich erst ermöglichten, meine eigenen Schritte zu gehen, dann müsste dafür ein neues Buch herhalten. Auch an sie, gleich wo sie sich aufhalten mögen, meinen aufrichtigen Dank.

So wichtig mir die Zuwendungen aller waren, gibt es dennoch immer Personen, die auf ihre besondere Art und Weise mit meinem Weg verbunden sind. Deshalb gilt ein besonderer Dank dem Großmeister Shi Yan Lin aus Berlin und dem Großmeister Shi De Cheng aus Dengfeng/China. Auf ihre jeweils spezifische Art haben sie mich weitergeführt, mich unterstützt und mir den Mut gegeben, den eingeschlagenen Weg nicht zu verlassen. Sie waren, sind und bleiben große Vorbilder für mich.

Doch es gibt auch Personen oder Einrichtungen, die nicht direkt mit Kung-Fu zu schaffen haben und dennoch daran teilhaben, dass meine bisherige Reise erfolgreich verlief.

Deshalb auch ein Danke an Mister Wei, der mir während des Aufenthalts in China nicht nur als Dolmetscher zur Seite stand, sondern auch in alltäglichen Dingen stets ein guter Ratgeber war. Seine ruhige und freundliche Art brachte jedes Eis zum Schmelzen. Das Wissen über sein Heimatland reichte in weit zurückliegende Zeiten. Gern denke ich an den Moment zurück, in dem ich ihm während einer Busfahrt lange und lachend das »richtige« Wort für »Wolfskacke« beibrachte. Sie fand in früheren Zeiten Verwendung, wenn entlang der Großen Mauer Rauchzeichen von Turm zu Turm weitergegeben wurden. Dazu verbrannte man eben getrocknete »Wolfskacke«, weil sie besser qualmte.

Dass Mister Wei im Tischtennis besser war als ich, das kann ich allerdings nur sehr schwer vergessen.

Eine Dokumentation, die anschließend auch noch im Fernsehen übertragen wird, entsteht nicht von allein. Den »Machern« und dem gesamten *Spiegel TV*-Team dafür ebenfalls mein Dankeschön. Den Beweis, dass sie mich wie angekündigt aus jeder Notsituation in China retten würden, durften sie, Gott sei Dank, schuldig bleiben.

Profan, so empfinde ich, wäre mein Versuch, das Wort Dank in irgendeiner Weise steigern zu wollen. Aber es gibt eben Menschen, zu denen eine enge, sehr enge und innige Verbindung besteht. Dazu zählen eben die Freunde, die über viele Jahre hinweg meine sportlichen Marotten ertrugen. Auch an euch meinen aufrichtigen Dank.

Eine Person, die sich weder für Kung-Fu noch die darum liegenden Dinge interessierte, sondern sich ausschließlich darum sorgte, dass es mir gutging und meinen Weg voller Aufmerksamkeit verfolgte, war mein Onkel Bernd. Leider war es ihm nicht vergönnt, die vorerst letzten Stationen miterleben oder das Buch zu lesen, auf das er so sehr wartete. Mit den Erinnerungen an etliche schöne Erlebnisse ist er stets bei mir.

So kurz vor dem Schluss fallen mir dann doch noch Personen ein, die ich nicht unerwähnt lassen möchte. Ein Buch zu schreiben ist die eine Sache, es aber in gedruckter Form vorliegen zu haben eine ganz andere. Darum gilt mein herzlicher Dank dem Team von »meinem« Verlag Lübbe, das mich bei den wohl schwersten Schritten meines Weges motivierend an die Hand nahm.

Wenn es um das Wohlergehen des kleinen Bruders geht, dann wird die ältere, körperlich aber kleinere Schwester ganz groß, fast schon riesig. Nadine hält die Verbindungen zu Freunden, wenn ich unterwegs bin, motiviert, baut auf, kritisiert, und das sehr gern; aber ist immer da, wenn's mal brennt. Von Anfang an, jeden Tag und das bis heute. Danke dir, meine Liebe.

Damit ist es auch schon fast geschafft mit der Danksagerei. Es bleiben nur noch zwei Personen, deren Weg in den zurückliegenden Jahren nicht weniger schwer war als der, welchen ich beschritten habe. Ein bisschen Schuld trage ich daran auch. Sie erlaubten mir frühzeitig, eigene Entscheidungen zu treffen, auch wenn sie nicht in das eigene Bild passten. Sie förderten mich, ohne dafür zu fordern, standen zu mir und waren einfach jederzeit da, wenn ich ihre Hilfe wirklich brauchte. Daran hat sich bis zum heutigen Tage nichts geändert.

Danke Mama, danke Papa, ich habe euch lieb.

Jetzt spricht der Dude

Jeff Bridges
DER DUDE UND SEIN
ZEN MEISTER
Das Leben, die Liebe
und wie man immer
locker bleibt
Aus dem amerikanischen
Englisch
224 Seiten
mit zahlreichen
Abbildungen
ISBN 978-3-7857-6111-3

Der Dude ist nicht nur die unangefochtene Kultfigur aus *The Big Lebowsky*, er ist auch das Alter Ego von Jeff Bridges. Der bekannte Schauspieler aus fast fünfzig Hollywood-Filmen, ausgezeichnet mit dem Golden Globe Award und dem Oscar als bester Hauptdarsteller, ist als Privatperson niemals in Erscheinung getreten. Im Gespräch mit Zen-Meister Bernie Glassman entsteht der private Kosmos des zurückhaltenden, multitalentierten Künstlers, seine Ansichten über das Leben, seine Philosophie und seine größte Rolle.

Bastei Lübbe